Um presente de Natal

Um presente de Natal

Contos, crônicas, mensagens, poemas e orações

Organização
Geraldo Campetti Sobrinho

feb
Federação Espírita Brasileira

ISBN 978-85-7328-323-5

B.N.

1ª edição – *Do 1º ao 3º milheiro*

000.3-O; 11/2010

Capa e projeto gráfico: Julio Moreira

Composição e editoração:
Departamento Editorial e Gráfico – Rua Sousa Valente, 17
20941-040 – Rio de Janeiro (RJ) – Brasil
CNPJ nº 33.644.857/0002-84 *I.E. nº 81.600.503*

Pedidos de livros à FEB – Departamento Editorial:
Tel.: (21) 2187-8282, FAX: (21) 2187-8298.

CIP-BRASIL. CATALOGAÇÃO-NA-FONTE
SINDICATO NACIONAL DOS EDITORES DE LIVROS, RJ.

P937

Um presente de natal: contos, crônicas, mensagens, poemas e orações / organização Geraldo Campetti Sobrinho. – Rio de Janeiro: Federação Espírita Brasileira, 2010

336p.; 21cm

Inclui bibliografia

ISBN 978-85-7328-323-5

1. Natal – Meditações. 2. Literatura espírita. I. Campetti Sobrinho, Geraldo. II. Federação Espírita Brasileira.

10-5536. CDD 133.93
CDU 133.7

26.10.10 09.11.10 022438

E eis que Ele chega sempre de mansinho.
Haja sol, faça frio ou tempestade;
Veste o manto do amor e da verdade,
E percorre o silêncio do caminho.

Auta de Souza

[Chico Xavier. *Parnaso de Além-túmulo*,
"O Senhor vem..."]

Sumário

4. MENSAGENS

5. POEMAS

Perfil de Jesus

Toda especial foi a sua vida.

Anunciado por profecias, sonhos e anjos, Ele esteve aguardado pela ansiedade do povo, pelo orgulho nacional da raça e o despotismo dos dominadores políticos que o desejavam guerreiro arbitrário e apaixonado.

Quando o silêncio espiritual pairava em Israel, Ele nasceu no anonimato de uma noite gentil, numa manjedoura, cercado por animais domésticos e assistido pelo amor dos pais humildes, sem outras testemunhas.

Seus primeiros visitadores eram amantes da Natureza, pastores simples, logo seguidos por magos poderosos, num contraste característico, que sempre assinalaria a sua jornada entre os homens.

Nas paisagens de Nazaré, Ele cresceria desconhecido, movimentando-se entre a carpintaria do pai e as meditações nas campinas verdejantes, confundido com outros jovens, sem qualquer destaque portador de conflitos antes da hora.

Amadureceu no lar como o trigo bom no solo generoso, e, quando chegou a hora, agigantou-se na Sinagoga, desvelando-se e anunciando-se.

Incompreendido, como era de esperar-se, saiu na busca daqueles que iriam segui-lo e ficariam como *pilotis* da Nova Era que Ele iniciava.

No bucolismo da Galileia pobre e sonhadora, fértil e rica de beleza, Ele começou o ministério que um dia se alargaria por quase toda a Terra, apresentando o programa de felicidade que faltava às criaturas.

Jamais igualado, sua voz possuía a mágica entonação do amor que penetra e dulcifica, ensinando como ninguém mais conseguiu fazê-lo.

A majestade do seu porte confundia os hipócritas e desarmava os adversários gratuitos, pela serena inocência, profunda sabedoria e invulgar personalidade.

Nunca se perturbou diante das conjunturas humanas, sobre as quais pairava, embora convivesse com gente de má vida, pecadores e perversos, pobres desesperados e ricos desalmados, vítimas morais de si mesmos no vício e perseguidores contumazes...

Ele compreendia a pequenez humana e impulsionava os indivíduos ao crescimento interior, às conquistas maiores.

Penetrando o futuro, referiu-se às hecatombes que a insânia humana provocaria, mas apresentou também a realidade do bem como coroamento dos esforços e sacrifícios gerais.

Poeta, fez-se cantor.

Príncipe, tornou-se vassalo.

Senhor, converteu-se em servo.

Nobre de origem celeste, transformou-se em escravo do amor.

Ninguém disse o que Ele disse, conforme o fez e o viveu.

Jesus é a síntese histórica da ascensão humana.

Demarcando as épocas, assinalou-as com o *Estatuto da Montanha*, em bem-aventuranças eternas.

Nem a morte o diminuiu. Pelo contrário, antecipou-lhe a luminosa ressurreição, que permanece como vida de saber eterno, varando as eras.

Grandioso, hoje como ontem, é o amanhã dos que choram, sofrem, aguardam e amam.

Sua veneranda Presença paira dominadora sobre a Humanidade, que nele encontra o Alfa e o Ômega das suas aspirações.

Jesus é a Vida em representação máxima do Criador, como modelo para a Humanidade de todos os tempos.

Unamo-nos a Ele e vivamo-lo.

GUARACY PARANÁ VIEIRA[1]

---

[1] Texto extraído de FRANCO, Divaldo Pereira. *Perfis da vida*. Pelo Espírito Guaracy Paraná Vieira. Salvador, BA: Leal, 1992, p. 91 a 93. Transcrição autorizada pelo médium.

1

MARIA

1.1

A médium do céu

"O mesmo Gabriel, na condição de embaixador celestial,
visita Maria de Nazaré e saúda-lhe o coração lirial,
notificando-lhe a maternidade sublime.
Nasce, então, Jesus sob luzes e vozes dos Espíritos superiores."
EMMANUEL

Antes que o Cristo surgisse, tangivelmente, na face planetária, a sua presença gloriosa era anunciada aos homens por meio da mediunidade sublimada de Maria, a Santíssima.

Vendo, ouvindo e dialogando com o nobre Espírito Gabriel, que dela se acercara, revelou-se a esposa de José, o carpinteiro, uma das primeiras médiuns do Cristianismo nascente.

***

Vidente e audiente, percebeu a chegada do Celeste Emissário e ouviu-lhe a maravilhosa notícia:

"Salve, agraciada, o Senhor é contigo."

Foram as primeiras palavras captadas pela mediunidade da Rosa Mística de Nazaré.

Maria, com o recato e a simplicidade das almas angelicais, indicativos de sua missão, recebeu as primeiras manifestações da Espiritualidade transcendente e "perturbou-se muito e pôs-se a pensar no que significaria aquela saudação".

***

A perturbação de Maria foi momentânea.

Espírito elevadíssimo, soube recompor-se imediatamente, à maneira do medianeiro consciente da própria pequenez e da excelsitude divina, e profere, contrita, submissa a Deus, inigualáveis palavras.

Das mais belas palavras da literatura mundial.

***

Curva-se, cheia de unção e humildade, ante o Emissário Divino, e de seus lábios imáculos, cândidos, fluem suaves e dulcíssimas palavras:

"Aqui está a serva do Senhor; que se cumpra em mim conforme a tua palavra."

***

Maravilhoso contrato efetivou-se, naquele instante sublime, sob a égide e assistência de Celestes Potestades.

***

As portas de luz do amoroso coração de Maria abriam-se, de par em par, a fim de que por elas transitasse, vindo de resplandecentes esferas, o Verbo, que "se fez carne e habitou entre nós".

A Luz do Céu descera às sombras do mundo para anunciar e vivenciar a mais alta expressão de AMOR.

Nascera Jesus.

[Martins Peralva, *Mediunidade e evolução*.]

2

UM POUCO DE HISTÓRIA...

2.1

Origem do Natal

O nascimento de Jesus celebrava-se nas igrejas do Oriente a 6 de janeiro. Em Roma, entre os anos de 243 a 336, foi escolhido o dia de 25 de dezembro, data, aliás, em que a antiga Roma pagã celebrava o *Natale Solis invicti*, festa consagrada ao Sol.

O clero romano substituiu a festa pagã por uma festa cristã, e, no ofício da vigília de 25 de dezembro, no hino laudes, no prefácio, nas vésperas durante a oitava, foram incluídas alusões ao "Salvador do Mundo que se levanta como o Sol" e cuja "grande luz vem iluminar a Terra".

O uso de três missas no dia de Natal foi introduzido no século VIII.

O mês e o ano do nascimento de Jesus Cristo são incertos. Uns dão o ano 754 da fundação de Roma; outros, baseados em cálculos mais recentes, fixam a data no ano de 7 ou 6 antes da era atual. Quanto ao mês, muitos creem ter ocorrido no mês de julho.

[*Reformador*, dez. 1958.]

2.2

Em que ano nasceu o Senhor Jesus?

Abaixo transcrevemos grande parte do notável estudo publicado em *Diário de Notícias* pelo Sr. Roberto G. Bratcher, que replica as opiniões emitidas por um outro culto estudioso de tais assuntos:

Deve ser esclarecido, desde logo, que a opinião dos eruditos bíblicos é que Dionisius Exiguus, o monge do século VI que introduziu o sistema cristão de datas, errou nos seus cálculos do nascimento de Nosso Senhor Jesus Cristo. Em vez de 754 A.U.C. (*ab Urbe condita*, isto é, "da fundação de Roma"), Cristo nasceu no ano 749 A.U.C., mais ou menos; isto é, em vez do Cristo ter nascido no ano 1 da era cristã, ele nasceu no 5 (ou 6) a.C. — por absurdo que pareça. Diga-se logo, entretanto, que o aparente absurdo não é culpa dos Evangelistas, senão de Dionisius Exiguus, que errou nos seus cálculos.

Como diz o cônego Heládio Correia Laurini, no seu estudo sobre cronologia neotestamentária, em *Introdução geral ao Novo Testamento*:[2] "Dionísio, o Exíguo, instituiu a contagem da era cristã com erro enorme: datou para o nascimento de Jesus o dia 25 de dezembro do ano 753 *ab Urbe condita* ou da fundação de Roma. Ora bem, como Jesus nasceu 'nos dias do rei Herodes (o Grande)', e Herodes morreu em março ou abril do ano 750, como está bem demonstrado, o fato miraculoso se deu pelo menos 4 anos antes do ano 753."

Diz ainda o cônego Laurini: "Parece que o ano que oferece as maiores probabilidades é o 747 de Roma e 7 a.C., isto é, antes da era cristã erroneamente marcada por Dionísio e seguida ainda hoje. *La Sacra Bíblia*, do Instituto Bíblico de Roma, prefere o ano 5 a.C. ou 5."

Não é necessário multiplicar citações para demonstrar que os eruditos bíblicos católicos e protestantes rejeitam o cálculo do monge Exíguo.

Examinemos, portanto, as passagens citadas, para ver o que revelam quanto à data do nascimento do Nosso Senhor.

1. *Lucas*, 1:5: "*Nos dias de Herodes, rei da Judeia*." Herodes, o Grande, era filho de Antípater, o Idumeu, o qual fora feito procurador da Judeia por Júlio César, no ano 47 a.C. (707 A.U.C.). Até aqui o articulista acerta. Erra, entretanto, ao afirmar que Antípater morreu no ano 37 a.C. (717 A.U.C.). Antípater morreu envenenado no ano 43 a.C. (711 A.U.C.).[3]

[2] *Bíblia Sagrada: Versão Clássica do Padre Antônio de Fiqueiredo*, v. 15, p. 351-357.

[3] Emil Schurer - *A History of the Jewish People in the Time of Jesus Crist*, Divisão I, v. 1, p. 386 (cfs. Josefo, *Antiguidades*, XIV, 11, 4, e *Guerra dos Judeus*, I, 11, 4).

Herodes, o Grande, foi feito rei pelos romanos no ano 40 a.C. (714 A.U.C.), mas levou 3 anos para derrotar Antígono, o rei-sacerdote macabeu, e seus aliados, os Partas. Foi, portanto, no ano 37 a.C. (717 A.U.C.) que Herodes começou a reinar sobre a Judeia. Morreu em março ou abril do ano 4 a.C. (750 A.U.C.).

Pergunta o articulista: "Como foi possível tudo isso (relatado nos Evangelhos de *Mateus* e *Lucas* a respeito de Herodes), se tinha falecido 4 anos antes?" A resposta é óbvia: tudo isso foi possível porque ele *não havia falecido 4 anos antes.* O erro não é do evangelista: como diria ele que Herodes fizera tudo aquilo *depois de morto*? O erro é do monge Exíguo, o qual calculou que Cristo nasceu em 754 A.U.C. Mas, como todos concordam, Herodes morreu no ano 750 A.U.C.: *é evidente*, portanto, que Cristo nasceu pelo menos alguns meses, ou até anos, antes da morte de Herodes — lá pelo ano 5 a.C. (749 A.U.C.), ou antes. Não culpemos o Evangelista do erro que cabe ao monge, fazendo seus cálculos cinco séculos depois.

2. *Lucas*, 2:1 e 2: "*Naqueles dias foi publicado um decreto de César Augusto, convocando toda a população do Império para recensear-se. Este, o primeiro recenseamento, foi feito quando Quirínio era governador da Síria.*"

Foi esse recenseamento de César Augusto que levou José e Maria a Belém para se alistarem, pois ele era da casa e família de Davi. Enquanto estavam em Belém, Jesus nasceu.

Objeta o articulista a essa nota cronológica, dizendo que o recenseamento foi ordenado no ano 760 A.U.C. (7 d.C.). O articulista parece desconhecer a obra monumental do famoso historiador e arqueólogo inglês, *Sir* William Ramsay, o qual provou a exatidão histórica dessa nota cronológica em *Lucas*, 2:1 e 2. Ramsay, nos seus livros,[4] demonstrou que os recenseamentos se davam periodicamente de 14 em 14 anos. O do ano 760 A.U.C. (7 d.C.) foi um deles: o mesmo Evangelista Lucas faz referência a esse recenseamento em *Atos*, 5:37. Teria dito ele que Nosso Senhor nasceu no tempo *deste recenseamento*? Teria sido uma contradição flagrante.

Pelo contrário, Lucas estabelece a diferença entre os dois dizendo cuidadosamente que o recenseamento do tempo do nascimento de Jesus foi o primeiro, quando Quirínio era governador da Síria. Ramsay mostra ainda, por meio de inscrições históricas, que Quirínio foi governador da Síria *duas vezes*. Foi durante o seu segundo período de governo que se deu o recenseamento do ano 760 A.U.C. (7 d.C.). O recenseamento anterior, quando Jesus nasceu, teria sido ordenado no ano 746 A.U.C. (8 a.C.), 14 anos antes. É fácil ver-se que, por uma ou outra razão, teria havido alguma demora antes que o recenseamento fosse levado a efeito nas províncias, especialmente na Palestina, onde o representante dos romanos sempre tinha que tratar com muito cuidado os seus súditos rebeldes. Portanto, não há nada que milite contra a suposição de que esse primeiro recenseamento se efetuou na Palestina um ou dois anos depois de ordenado, isto é, 746-748 A.U.C. (8-6 a.C.). Portanto, a data, *em geral*, concorda com a anterior.

3. *Lucas*, 3:1 e 23. "*No décimo quinto ano do reinado de Tibério César — tinha Jesus cerca de trinta anos ao começar o seu ministério.*"

---

[4] William Ramsay - *Was Christ Born at Bethlehem?*, e *Bearing of Recent Discovery on the Trustworthiness of the New Testament.*

Augusto morreu em 29 de agosto, 767 A.U.C. (14 d.C.), sendo sucedido por Tibério, o qual reinou, portanto, de 14 d.C., até 37 da nossa era. O 15º ano do seu reinado seria 781--782 A.U.C. (28-29 d.C.): se Jesus tinha, nessa data, *cerca* de 30 anos, há lugar para uma variação de 3 ou 4 anos; como diz o cônego Laurini, ele poderia ter de 28 a 32 anos. Nesse caso, a data do seu nascimento cairia entre 750-754 A.U.C. (4 a.C.-1 d.C).

Mas é mais provável que Lucas date o 15º ano de Tibério, não da morte de Augusto, mas do começo do correinado de Tibério com Augusto, pois, conforme o testemunho dos historiadores Tácito e Suetônio, Tibério partilhou do reinado com Augusto uns 2 anos antes da morte de Augusto em 767 A.U.C.

Fazendo, pois, os mesmos cálculos, conclui-se que, segundo essa passagem, o Senhor Jesus nasceu entre 748 e 752 A.U.C. (6-2 a.C.). Novamente, essa data concorda com as duas anteriores.

Esse breve estudo demonstra, portanto, que nas três passagens Lucas concorda em afirmar que o Senhor Jesus Cristo nasceu entre os anos 747 e 752 A.U.C., a saber, 7-2 a.C. A maioria dos eruditos prefere os anos 748-749 A.U.C., isto é, 6 ou 5 a.C. como o ano em que Jesus nasceu.

Ninguém — e, repetimos, *ninguém* exige dos historiadores antigos, nem mesmo dos bíblicos, a precisão científica com que se datam os eventos de hoje em dia. Para tanto não tinham nem os recursos nem o interesse. Dizer que "pouco se incomodaram com a verdade histórica de suas narrações" por não revelarem eles essa precisão do historiador moderno, é, patentemente, uma decisão arbitrária e injusta.

Afinal de contas, qual é *o propósito* do autor bíblico nessas três passagens? É o de fixar o ano em que Jesus nasceu? De maneira alguma. Na primeira passagem Lucas assevera que Jesus nasceu quando Herodes, o Grande, era rei da Judeia. Certo ou errado? Todos concordam que ele está certo. Na segunda passagem ele relata que foi um recenseamento, durante o tempo em que Quirínio era governador da Síria, que trouxe Maria e José a Belém, onde Jesus nasceu. Está certo o historiador bíblico? As descobertas arqueológicas dizem que sim. Na terceira passagem o autor afirma que Jesus, com cerca de 30 anos, começou o seu ministério no 15º ano do reinado de Tibério.[5] Incorre em erro o autor sagrado? Não. Portanto, o valor histórico do seu relato não pode ser impugnado: pois a erudição bíblica moderna tem demonstrado serem autênticas todas as três asseverações.

Nós, leitores do século XX, é que perguntamos: coincidem essas notas cronológicas no seu testemunho quanto à data do nascimento do Cristo? E a resposta é que, em linhas gerais, elas, de fato, coincidem, dentro de um período de 4 a 5 anos.

Lucas, portanto, está vindicado pela erudição bíblica quanto à exatidão histórica com que relata os fatos. Suas asseverações não são, absolutamente, discordantes: não procede, portanto, a alegação de que ele cita "três épocas diferentes para sua narração do nascimento de Jesus", ou de que há uma diferença de 10 anos entre as datas. Diga-se de passagem, aliás, que desde as investigações minuciosas e demoradas de Harnack, Ramsay e

---

[5] Cumpre notar que, a rigor, a data mencionada é a do início do ministério de João Batista; presume-se, entretanto, que João tenha pregado e batizado uns 6-12 meses antes do início do ministério do Messias. O 15º ano de Tibério, portanto, marcaria o início dos ministérios de João Batista e do Cristo.

Streeter, poucos são os críticos bíblicos que se atrevem a atacar a historicidade do autor do 3º Evangelho. Descoberta após descoberta tem comprovado a verdade do que ele próprio afirma ter feito: "uma acurada investigação de tudo desde sua origem".

Mais duas observações:

(1) *Marcos*, 6:14 não se refere a Arquelau, e sim a Herodes Ântipas, tetrarca da Galileia e Pereia. Nem um nem o outro recebeu o título de rei. A expressão "rei Herodes" nessa passagem é usada no sentido lato de "governador" (conferir ainda 6:22, 25-27). Até o evangelista Mateus, que usa o título exato de "tetrarca" (14:1), em outro lugar usa o termo "rei" (14:9). Portanto, não causa espécie que Marcos faça uso do título.

(2) As palavras de Lucas no prefácio do seu Evangelho (*Lucas*, 1:3 e 4), quanto à maneira em que fez suas investigações, de maneira alguma invalidam, ou mesmo afetam, a doutrina que o articulista denomina "a suposta e imposta inspiração da *Bíblia*". Nenhuma formulação da doutrina da inspiração da *Bíblia* nega o elemento humano na composição das Escrituras Sagradas. Não há lugar aqui para desenvolver o ensino sobre a inspiração das Escrituras: mas não é com um aparte superficial e capcioso que crítico qualquer eliminará o elemento divino da formação literária da *Bíblia*.

Em conclusão, devemos dizer que todos os estudos do último meio século, arqueologia, papirologia, história, paleografia, crítica literária, enfim, todas as disciplinas — têm contribuído para aumentar, e não diminuir, a autoridade das Escrituras. Hoje a *Bíblia* está em situação muito mais segura, no que tange à parte histórica, do que estava há meio século. A evidência histórica, em peso, testifica do valor histórico das Escrituras, demonstrando serem as suas asseverações dignas de toda a confiança. Outrossim, a experiência desse último meio século demonstra, sobejamente, que o texto original da *Bíblia* resiste, impávido, a todas as tentativas de apoucá-lo ou desprestigiá-lo.

[Roberto G. Bratcher. Extraído do *Diário de Notícias*, de 11.1.1953. *Reformador*, dez. 1953.]

2.3

Quando nasceu Jesus?

Comentando os versículos 19 e 20 do capítulo 2 de *Mateus*, que dizem: *"Ora, morto Herodes, eis que o anjo do Senhor apareceu, em sonhos, a José, no Egito, dizendo: 'Levanta-te, toma o Menino e sua Mãe, e vai para a Terra de Israel; porque morreram os que atentavam contra a vida do Menino'"*, diz o mui ilustre tradutor, Frei João José Pedreira de Castro O. F. M.: "Herodes morreu no ano 6 antes de Cristo; logo, Jesus deve ter nascido no ano 7 antes de nossa era."

Buscando confirmação em outras obras, encontramos que Herodes morreu no ano 4, não em 6, podendo ser erro tipográfico na edição do *Novo Testamento*, feita em Petrópolis (RJ), mas isso não altera para deslocar o nascimento do Divino Mestre para alguns anos antes. Sejam 5 ou 7 anos, parece fora de dúvida que Jesus nasceu alguns anos antes e assim teria vivido mais do que os 33 anos que lhe atribuem do ponto de vista humano. Nada se sabe da vida de Jesus dos 12 anos até que iniciou a pregação que durou três anos; há, pois, um período de uns 25 ou 26 anos sobre o qual não temos informação alguma: desde que foi encontrado no Templo, discutindo com os Doutores da Lei, aos 12 anos, até o início de sua missão pública que parece ter começado aos 37 ou 38 anos, pelas informações registradas. Se desprezados esses dados, teria sido de 18 anos esse período desconhecido. Claramente relatados pelos evangelistas são o nascimento, a fuga para o Egito, a volta para a Palestina, o reencontro no Templo e os três anos finais, ou seja, menos de um terço do tempo que se atribui a Jesus no mundo.

O nascimento de Jesus

O relato dado por *Mateus* é o seguinte:

> Ora, o nascimento de Cristo deu-se desta maneira. Estava Maria, sua mãe, desposada com José, e, antes de coabitarem, aconteceu ter ela concebido por obra do Espírito Santo. José, porém, seu esposo, sendo justo e não querendo infamá-la, cogitava deixá-la ir secretamente. Mas, enquanto andava com este pensamento, eis que um anjo do Senhor lhe apareceu, em sonhos, dizendo: José, filho de Davi, não temas receber Maria por tua esposa, pois o que nela se gerou é obra do Espírito Santo. E ela dará à luz um filho, e lhe porás o nome de JESUS, porque ele há de salvar o seu povo dos seus pecados.

Ora, tudo isso aconteceu para que se cumprisse o que o Senhor falou pelo profeta, que diz:

"Eis que a virgem conceberá,
e dará à luz um filho,
e chamá-lo-ão pelo nome de Emanuel."

"Este nome quer dizer: Deus conosco. E, despertando José do sono, fez como o anjo do Senhor lhe havia mandado, e recebeu sua esposa.

E não a conheceu até que ela desse à luz o seu filho primogênito: e lhe pôs o nome de Jesus."

O ilustre tradutor faz ao pé da página a seguinte nota: "Se não a conheceu (eufemismo) até então, muito menos depois. *Até que*, em hebraico, não significa que depois se tenha feito o que até aí se omitiu." Esclarece ainda que Jesus significava *Salvador* e que *primogênito* aí significa *unigênito.*

Em *Lucas*, esse relato está assim redigido:

> No sexto mês, porém, o anjo Gabriel foi enviado por Deus a uma cidade da Galileia, chamada Nazaré, a uma virgem desposada com um homem que se chamava José, da casa de Davi; e o nome da virgem era Maria. E, entrando o Anjo onde ela estava, disse-lhe: "Ave, cheia de graça; o Senhor é contigo; bendita és tu entre as mulheres." Ela, ouvindo-o, ficou perturbada com as suas palavras, e pôs-se a pensar que saudação seria esta. Mas o Anjo lhe disse: "Não temas, Maria, pois achaste graça diante de Deus. Eis

que conceberás no ventre, e darás à luz a um filho e lhe porás o nome de JESUS. Ele será grande e será chamado o Filho do Altíssimo, e o Senhor Deus lhe dará o trono de seu pai Davi; e reinará eternamente na casa de Jacó, e o seu reino não terá fim."
Maria, porém, perguntou ao Anjo: "Como se dará isso, pois não conheço varão?" Respondeu-lhe o Anjo, dizendo: "O Espírito Santo descerá sobre ti, e a força do Altíssimo te cobrirá com sombra. E por isso o Santo, que nascerá de ti, será chamado Filho de Deus. Eis que também Isabel, tua parenta, até ela concebeu um filho na sua velhice; e este é o sexto mês daquela, que se chama estéril. Porque a Deus nenhuma coisa é impossível." Maria, porém, disse: "Eis aqui a serva do Senhor, faça-se em mim segundo a tua palavra." E o Anjo se afastou dela.

O anúncio dado por um Espírito superior sobre a encarnação de um Missionário, dando notícias do que ele vinha fazer, aparece em outros lugares da *Bíblia*. Todos se lembram do anjo que apareceu a Zacarias e anunciou o nascimento de João Batista. Vamos lembrar outro menos estudado pelos espiritistas. É o nascimento de Ismael. Acha-se registrado em *Gênesis*, 16:7 e seguintes:

O anjo de Jeová achou-a (a Hagar) junto duma fonte d'água no deserto, junto à fonte que está no caminho de Shur. Perguntou-lhe: "Hagar, serva de Sarai, donde vieste? e para onde vais?" Respondeu ela: "Da presença de Sarai, minha senhora,

> vou fugindo." Disse-lhe o anjo de Jeová: "Volta para tua senhora, e humilha-te debaixo das suas mãos." Disse-lhe mais o anjo de Jeová: "Multiplicarei sobremaneira a tua descendência, de modo que não será contada por ser tão numerosa." Disse-lhe ainda o anjo de Jeová: "Eis que concebeste, e darás à luz um filho, a quem chamarás Ismael, porque Jeová ouviu tua aflição. Ele será como um jumento selvagem entre os homens; a sua mão será contra todos e a mão de todos contra ele: ao oriente de todos os seus irmãos habitará."

Como vemos nos três anúncios aqui lembrados, um Espírito superior aparece, visível, para predizer a encarnação ou aparecimento sobre a Terra de um missionário, em missões muito diferentes: Ismael foi um desbravador de sertões, considerado o pai dos povos árabes, o pai de Quedar, de quem descende Maomé. Doze príncipes, filhos de Ismael, colonizaram os sertões desde Havilah até Shur.

João Batista foi o precursor da missão de Jesus, pregou o arrependimento ao povo para receber os ensinos de Jesus.

Nos três casos que recordamos, o anjo dá o nome do missionário: Ismael significa "Deus ouviu" (subentendido: a prece de Hagar); João quer dizer "o que está cheio da graça"; Jesus, "o salvador".

Embora tenha analogias com outras, a Missão de Jesus é incomparavelmente maior do que todas as outras, porque fez vibrar as nações qual imensa revolução e nunca teve fim: é universal e eterna. Sua imensa superioridade moral, sobre os habitantes da Terra, levou os homens a julgá-lo uma encarnação de Deus. É verdade que o atraso moral dos homens os induziu a praticar em nome de Jesus os crimes mais revoltantes, como foram as Cruzadas, a Inquisição, as guerras religiosas, mas de qualquer sorte as inteligências despertaram para a vida espiritual.

Para o pleno desenvolvimento dessa Missão sublime do Salvador é necessário que os homens conheçam com mais profundeza a realidade da vida espiritual. Sem este conhecimento, sempre teriam fraca noção da responsabilidade individual e coletiva e tenderiam a viver materialisticamente; por isso mesmo, no momento oportuno, foi mandada à Terra a Terceira Revelação que demonstra, de modo por assim dizer palpável, a continuidade da vida e a impossibilidade de burlar as leis naturais. O Espiritismo não revoga, antes revigora o Cristianismo, restaurando-o em toda a sua pureza. [...]

Se no passado o Cristianismo deu principalmente agitação e só pequeno número de crentes puderam lhe colher todos os frutos, só os poucos já trabalhados espiritualmente para dispensar a compreensão; no futuro, com a ampla divulgação dos fenômenos espíritas, toda a Humanidade se cristianizará e os ensinos de Jesus, incessantemente repetidos pelos Espíritos, em versos, prosa, gemidos e lágrimas, serão as regras de conduta de todos nós.

O êxito completo da Missão de Jesus pertence ao futuro.

Hoje, ao lembrarmos o aniversário do Mestre Divino, temos de confessar tristemente que ainda somos o servo infiel que sepultou o talento e o deixou infrutífero. Ainda não começamos a obra de nossa própria salvação. Nossa vida social é ainda inteiramente pagã. Temos o Cristianismo nos lábios e o materialismo no coração.

[Lino Teles. *Reformador*, dez. 1948.]

2.4

Cristo nasceu? Onde? Quando?

A salvação não está numa finalidade a que se convencionou denominar céu ou paraíso: está, sim, na perpétua renovação da vida para a frente e para o alto. Avançar, como disse S. Paulo, de glória em glória, tal é, em síntese, o trabalho e o plano da redenção. Jesus é a força viva que, uma vez encarnada no homem, determina a sua constante transformação.

"O Verbo se fez carne e habitou entre nós, cheio de graça e verdade, e vimos a sua glória como de unigênito do Pai. Mas a todos os que o receberam, aos que creem em seu nome, deu Ele o direito de se tornarem filhos de Deus; os quais não nasceram do sangue, nem da vontade da carne, nem da vontade do homem, mas sim de Deus." (*João*, 1:4.)

A prerrogativa de unigênito do Pai, Jesus a torna extensiva a todos os que de boa vontade o receberem. E assim se opera o seu natalício no coração do pecador.

O menino que Maria enfaixou, deitando-o, em seguida, numa manjedoura, é a figura desse Jesus que é força, que é poder, que é vida e verdade, atuando no interior do homem.

Invoquemos, em abono de nossa asserção, o testemunho de algumas personagens que figuram na esfera cristã como astros de primeira grandeza.

Perguntemos a Paulo — onde e quando Jesus nasceu? Ele nos dirá: Foi na estrada de Damasco, quando eu, então intolerante e fanatizado por uma causa inglória, me vi envolvido na sua divina luz. Dali por diante — "já não sou eu mais quem vive, mas o Cristo é que vive em mim".

***

Indaguemos de Madalena onde e quando nasceu Jesus. Ela nos informará: Jesus nasceu em Betânia, certa vez em que sua voz, ungida de pureza e santidade, despertou em mim a sensação de uma vida nova, com a qual, até então, jamais sonhara.

***

Ouçamos o depoimento de Pedro sobre a natividade do Senhor, e ele assim se pronunciará: Jesus nasceu no átrio do paço de Pilatos, no momento em que o galo, cantando pela terceira vez, acordou minha consciência para a verdadeira vida. Daí por diante, nunca mais vacilei diante dos potentados do século, quando me era dado defender a Justiça e proclamar a verdade, pois a força e o poder do Cristo constituíram elementos integrantes de meu próprio ser.

***

Chamemos à baila João Evangelista e peçamos nos diga o que sabe acerca do natal do Messias, e ele nos dirá: Jesus nasceu no dia em que meu entendimento, iluminado pela sua divina graça, me fez saber que *Deus é amor*.

***

Dirijamo-nos a Zaqueu, o publicano, e eis o seu testemunho: Jesus nasceu em Jericó, numa esplêndida manhã de Sol, quando eu, ansioso por conhecê-lo, subi numa árvore, à beira do caminho por onde ele passava, contentando-me com o ver de longe. Eis que Ele, amorável e bom, acena-me, dizendo: *Zaqueu, desce, importa que me hospede contigo*. Naquele dia entrou a salvação no meu lar.

***

Interpelemos Tomé, o incrédulo: Quando e onde nasceu o Mestre? Ele, por certo, retrucará: Jesus nasceu em Jerusalém, naquele dia memorável e inesquecível em que me foi dado testificar que a morte não tinha poder sobre o Filho de Deus. Só então compreendi o sentido de suas palavras: "Eu sou o Caminho, a Verdade e a Vida."

***

Apelemos, finalmente, para Dimas, o bom ladrão: Onde e quando Jesus nasceu? Ele nos informará: Jesus nasceu no topo do Calvário, precisamente quando a cegueira e a maldade humanas supunham aniquilá-lo para sempre; dali Ele me dirigiu um olhar repassado de piedade e de ternura, que me fez esquecer todas as misérias deste mundo e antegozar as delícias do Paraíso. Desde logo, senti-o em mim e eu nele.

***

Tal foi o testemunho do passado — tal é o testemunho do presente, dado por todos os corações que, deixando de ser quais hospedarias de Belém, onde não havia lugar para o nascimento de Jesus, se transformaram, pela humildade, naquela manjedoura, que o amor engenhoso da mais pura e santa de todas as mães converteu no berço do Redentor do mundo.

[Vinícius, *Em torno do Mestre*.]

3

CONTOS E CRÔNICAS

3.1

A palestra do Natal

Rosinha, inteligente menina de quatro anos, acompanhara, na véspera do Natal, o culto do Evangelho em casa. O pai falara, comovido, acerca do amor de Jesus pelas crianças e, em determinado tópico, se referira aos padecimentos que o Mestre sofrera com imensa humildade.

No dia seguinte, acompanhou os pais ao templo espírita para ouvir a palestra natalina que fora anunciada.

Era João Leão Pitta, o doutrinador espírita da tarde.

Simpático, mostrava com simplicidade a longa barba que a experiência começa a encanecer.

Rodeado de meninos, começou a falar, quando o salão foi invadido por um moço obsidiado, que avançou de improviso, pespegando-lhe tabefes pelo rosto.

Pitta sorria, diante da agressão, e, buscando contê-lo com brandura, apenas dizia:

— Deus te abençoe, meu filho!

Passado o incidente, o pregador retoma a palavra e, depois de encantar o auditório, termina com grande beleza.

Cumprimentos efusivos, abraços.

Rosinha aproxima-se dele e beija-lhe as mãos ossudas. Pitta, emocionado, toma-a nos braços, e a garota, confiante, deita a cabeça em seus ombros.

Os pais, admirados, esperam até que o orador lhes devolva a pequenina que, ao despedir-se, exclama para ele, com imenso carinho:

— Obrigada, Jesus!

De retorno a casa, a mãezinha, intrigada, pergunta pela razão do seu procedimento, que a menina esclarece feliz:

— Mãezinha, a senhora não disse que a gente ia ouvir a palavra de Jesus? Não viu Jesus perto das criancinhas? Viu Jesus sorrindo quando o moço *bateu nele*?

Santos Lima e a esposa compreenderam que, diante do exemplo do orador, julgara-se a garota à frente do Mestre.

Ambos quiseram explicar o assunto, mas tinham a garganta embargada de lágrimas e nada mais puderam fazer que seguir em silêncio.

[Página de Hilário Silva, recebida pelo médium Waldo Vieira,
em reunião da noite de 17.10.1963, em Uberaba (MG).
Reformador, dez. 1963.]

3.2

Jesus mandou alguém...

O culto do Evangelho no lar havia terminado às sete horas da noite, e João Pires, com a esposa, filhos e netos, em torno da mesa, esperava o café que a família saboreava depois das orações.

Ana Maria, pequena de sete anos, reclamou:

— Vovô, não sei por que Jesus não vem. Sempre vovô chama por Ele nas preces: "Vem Jesus! Vem Jesus!" e Jesus nunca veio...

O avô riu-se, bondoso, e explicou:

— Filhinha, nós, os espíritas, não podemos pensar assim... O Mestre vive presente conosco em suas lições. E cada pessoa do caminho, principalmente os mais necessitados, são representantes dele, junto de nós... Um doente é uma pessoa que o Senhor nos manda socorrer; um faminto é alguém que Ele nos recomenda servir...

D. Maria, a dona da casa, nesse momento repartia o café, e, antes que o vovô terminasse, batem à porta.

Ana Maria e Jorge Lucas, irmão mais crescido, correm para atender.

Daí a instantes, voltam, enquanto o menino grita:

— Ninguém não! É só um mendigo pedindo esmola.

— Que é isso? — exclama a senhora Pires, instintivamente. — A estas horas?

Ana Maria, porém, de olhos arregalados, aproxima-se do avô e informa, encantada:

— Vovô, é um homem! Ele está pedindo em nome de Jesus. É preciso abrir a porta. Acho que Jesus ouviu a nossa conversa e mandou alguém por Ele...

A família comoveu-se.

O chefe da casa acompanhou a netinha e, depois de alguns instantes, voltaram, trazendo o desconhecido.

Era um velho, aparentando mais de oitenta anos, de roupa em frangalhos e grande barba ao desalinho, apoiando-se em pobre cajado.

Ante a surpresa de todos, com ar de triunfo a menina segurou-lhe a mão direita e perguntou:

— O senhor conhece Jesus?

Trêmulo e acanhado, o ancião respondeu:

— Como não, minha filha? Ele morreu na cruz por nós todos!

E Ana Maria para o avô:

— Eu não falei, vovô?

O grupo entendeu o ensinamento, e o recém-chegado foi conduzido a uma poltrona. Alimentou-se. Recebeu tudo quanto precisava e João Pires anotou-lhe o nome e endereço para visitá-lo no dia seguinte.

Antes da despedida, a pequena dormiu feliz, e, após abraçar o inesperado visitante, no "até amanhã", o chefe da família, enxugando os olhos, falou sensibilizado:

— Graças a Deus, tivemos hoje um culto mais completo.

[Hilário Silva, *A vida escreve.*]

3.3

História de um bonequinho de pano

Zequinha era filho de papais ricos. Sempre tivera todos os seus caprichos satisfeitos, o que de certo modo estava influindo desfavoravelmente no seu caráter ainda em formação.

Uma tarde, quando passeava com a *bá*, ele avistou um garotinho muito pobre, sujo e esfarrapado, que parecia feliz, imensamente feliz com um bonequinho de pano, já desbotado e sem forma. Chorou, gritou, esperneou tanto que a ama, sem refletir no que fazia, arrancou bruscamente o boneco das mãos do garotinho sujo para atender à impertinência de Zequinha. O menino pobre, surpreendido pela brutalidade do gesto, empalideceu, levou os dedinhos imundos à boca e, depois, fez beicinho como se desejasse chorar. Mas não chorou. Enquanto isso, o outro se afastou, alegre, empolgado pela sensação nova que lhe proporcionava o brinquedo alheio.

Tão castigada pelo infortúnio era a alminha de Luís, o guri esfarrapado, que ele não pôde desfazer-se em lágrimas. Sentiu o peito opresso e se deteve, paralisado, perplexo, acompanhando de longe, com o olhar ansioso, o seu querido bonequinho de pano, a sua riqueza, o único enlevo da sua infância dolorosa. Dirigiu-se tristemente para o cortiço que lhe servia de lar, onde dominava a madrasta rude, egoísta e indiferente à sua sorte. Seu pai, homem simples, saía bem cedo para o trabalho e voltava sempre muito tarde. Todavia, ensinara o filho a não se deitar sem se dirigir ao Alto. Assim, antes de repor o corpinho débil nos trapos que lhe davam como leito, no chão duro e úmido, Luisinho murmurava sempre:

— Papai do Céu: eu quelo mamãe! Eu quelo ficá cum ela, Papaizinho do Céu!...

E depois dormia tranquilamente um sono só.

***

Na noite que sucedeu ao episódio do bonequinho de pano reclamado pelo menino rico, Luisinho, antes de dormir, pôs-se de joelhos, juntou as mãozinhas à altura do peito e balbuciou timidamente, como se estivesse fazendo algo de censurável:

— Papai do Céu: eu quelo minha mamãezinha, Papaizinho do Céu! Eu quelo meu bonequinho de pano qui mamãe me deu!

E dando à voz uma inflexão de súplica, rematou, quase soluçando:

— Num isquece de mim, não... Sim, Papaizinho do Céu?!

***

Jamais aquele menino pobre tivera um sono tão calmo e uma noite tão linda! Seu rostinho sujo se enfeitou de estranha claridade. Sua cabecinha emoldurada de luz semelhava a obra mestra de prodigioso pintor divino. Luisinho despertou mais cedo que de costume. Saiu. Havia grande alvoroço lá fora, pois algumas crianças menos desafortunadas exibiam, contentes, humildes presentinhos de Natal que haviam ganho.

Luisinho olhava para tudo aquilo sem inveja e se lembrava do seu bonequinho de pano. Não se mostrava propriamente triste. Se leve sombra de melancolia lhe velava o gracioso semblante, os olhos testemunhavam secreta confiança, o que lhe permitia contemplar serenamente a justa alegria dos outros pequeninos.

Eis, porém, que, em dado momento, Luisinho olha para o meio da rua e vê seu querido boneco de pano, abandonado, tão desprezado quanto ele, ambos irmanados no destino cru e áspero. Bateu as mãozinhas e seus olhos, agora lacrimejantes, brilhavam de satisfação intensa. Correu, pressuroso, para apanhar aquela joia tão grata ao seu coraçãozinho sofredor, justamente quando um automóvel surge, célere, sobre ambos...

***

Naquela noite de Natal, as estrelas brilharam mais fortemente e duas delas refulgiam de modo assaz extraordinário em tão maravilhoso conjunto de beleza celestial. Cá embaixo, a brisa agitava suavemente o arvoredo e o ruído das folhas parecia dizer com infinita ternura:

— Obrigado, Papaizinho do Céu! Agola tou tão contente com a minha mamãezinha!...

***

Foi esse o melhor Natal do garotinho pobre, sujo e esfarrapado, que amava tanto um bonequinho de pano, tão infeliz quanto ele, na infelicidade da vida terrena...

[José Brígido. *Reformador*, dez. 1950.]

3.4

A velhinha abandonada

A velhinha, perdida na profunda solidão do seu acanhado tugúrio, levantara-se com dificuldade e entreabrira a janela para entrar um pouco de ar fresco. Lá fora, noite pesada, escura como breu. As estrelas se haviam escondido nas nuvens, temerosas, talvez, do temporal que se aproximava. Ela, conformada, murmurou:

— Vamos ter um Natal chuvoso...

E respirou mais aliviadamente. Momentos antes havia sentido uma "pontada" no coração, mas agora, desde que o vento invadira sua humilde choupana, estava melhor. Não fora aquela "pontada", de quando em quando, tudo iria bem. Ela às vezes gemia um pouquinho, mas não desesperava: permanecia calma e confiante. Não era a primeira vez que essa "pontada" a visitava; não seria também a última. Ela se habituara a sofrer resignadamente, fortalecendo o Espírito na prece fervorosa. Em cima da tosca mesa, um pedaço de vela parecia um símbolo, pois a vida daquela anciã estava também por um fio... A chama bruxuleava, ia morrendo, morrendo; depois recuperava o brilho, tornava-se mais intensa, tal como a simpática velhinha abandonada.

Na parede encardida, a imagem de Jesus constituía o único ornamento daquela humilde habitação. Era admirável a energia da pobre velhinha. Sua vontade forte fazia daquele corpo, gasto pelo tempo e pelas provações, um ponto de resistência às vicissitudes. Não se deixava abater pela tristeza nem se entregava ao sofrimento. Sabia reagir e reagia magnificamente, encorajada pela fé que lhe nutria o espírito de esperança. Mas esperança em quê?

Acercando-se da mesa, abriu uma gaveta e de lá retirou algumas das suas raríssimas recordações de tempos idos, entre as quais um álbum de família. Cada retrato lhe trazia uma visão diferente do passado distante. Fitou uma fotografia que lhe era muito cara. Linda criança brincava com barquinhos de papel, num lago cheio de patinhos, e uma mulher bonita, esbelta, seguia os movimentos do menino. A velhinha ficou muito tempo contemplando o retrato. Revia-se ali, ao lado do filho, numa época em que a vida ainda não lhe era madrasta. E suspirou, saudosa. Naquela fotografia semiesmaecida se achava fixado um aspecto feliz do seu passado. Uma lágrima traiu a sua emoção, indo cair bem em cima da imagem da criança...

Ela virou a página depressa... Mas seus olhos pararam diante de outra cena ainda mais comovente: via-se, agora, no esplendor dos vinte e cinco anos, em companhia de um rapazinho robusto, de fisionomia inteligente, a caminho da escola. Suspirou de novo, profundamente, e sufocou o gemido provocado pela "pontada" que voltava. Levou a mão direita ao coração e esperou alguns segundos, ofegante. Ergueu o olhar para a serena imagem do Cristo e disse em voz baixa, com inefável ternura:

— Meu filho! Por onde andará ele? Nunca mais o vi, desde que partiu para tentar a sorte nos Estados Unidos. Sua última carta me anunciava o propósito de realizar uma viagem ao norte do Canadá. Depois, silenciou... Ah, meu Deus; tudo mudou tanto, tanto!...

Fitou mais demoradamente a fotografia, beijou-a enternecidamente, repondo-a no lugar. Seus olhos encovados e amortecidos fulguraram quando ela exclamou com impressionante convicção:

— Onde estarás, meu filho? Se soubesse como sinto a tua falta! Estes anos de ausência têm sido prova duríssima para mim, mas alguma coisa me diz que ainda te verei, que ainda te apertarei em meus braços e sentirei os carinhos que nunca me negaste. Tenho a firme esperança de que voltarás, meu filho!...

Em seguida, fechou os olhos cansados, recostou-se na cadeira desconfortável e orou:

— Jesus, refúgio dos aflitos, em ti confio! Sinto que me amparas com a tua misericórdia! Ouve minha prece, Jesus, nesta solitária noite de Natal que estou passando, talvez a última de minha atual jornada terrena! Traze meu filho aos meus braços, ó Mestre! Jesus: eu...

De súbito, alguém bateu à porta. Ela ia erguer-se para abri-la, mas deteve-se, porque via surgir diante de si, perfulgente, a figura sublime do Nazareno, que para ela sorria com infinita doçura. Grande foi sua emoção. Maior a sua alegria, tanto que nem sequer sentia mais a "pontada" que, momentos antes, a torturava. Aquele espetáculo era um deslumbramento. Quis ajoelhar-se humildemente diante de Jesus, enquanto o saudava contente:

— Bendito sejas, Jesus! Bendito sejas, Mestre amado!

Baixou os olhos e curvou-se, mas dois braços fortes não lhe permitiram genuflectir. Ela, enlevada, deixou-se envolver por afetuoso abraço e sentiu que seus cabelos brancos eram beijados com respeito. Então, furtivamente, levantou a cabeça para olhar mais uma vez o Pastor da Galileia. Em volta, tudo era luz, muita luz. Teve medo de que estivesse sonhando e que o encantamento terminasse. Fechou os olhos. Nisto, porém, uma voz que lhe era muito familiar segredou-lhe ao ouvido:

— Mamãe, sou eu! Aqui estou, mamãe!...

A velhinha não acreditava no que estava sucedendo. Resolutamente, ergueu a fronte e olhou. Não, não era Jesus que ali estava! Ela se via nos braços do filho querido.

— André! André! Voltaste, André! Eu sabia que voltarias, porque sempre confiei em Jesus! Ele ouviu minhas preces!

Seu rosto macilento estava banhado em lágrimas. Ela chorava de contentamento.

— Como estás bonito, André! Eu sabia que havias de voltar!

O jovem, acanhando-a, sorria e chorava também, extremamente feliz. A velhinha apertou-o de encontro ao peito ressequido e considerou:

— Vês, André? Até a minha dor foi embora com a tua chegada! Já não estou sentindo mais nada, meu filho…

Alisando-lhe suavemente a cabeça encanecida, o rapaz confortou-a:

— E não sofrerás mais, mamãe... Terás agora dias tranquilos, luminosos, felizes, porque o Mestre te franqueou as portas da Serenidade Divina...

Ela, sem compreender o alcance dessas palavras, se entregava inteiramente à alegria de rever André.

— Ouves o repicar festivo dos sinos, meu filho?

— É o Natal, mamãe. Lá embaixo, a Terra glorifica o santo nome de Jesus...

Abraçada a André, a velhinha foi seguindo, por entre alamedas floridas, em demanda do lugar onde a paz alcança toda a plenitude...

Foi quando a voz meiga do Nazareno se fez ouvir como um cântico adorável:

— Bendito seja para sempre o amor de mãe!...

***

Ao longe, os sinos continuavam a repicar alegremente, enquanto os homens de boa vontade confraternizavam na glorificação do Natal de Jesus!

[José Brígido. *Reformador*, dez. 1951.]

3.5

O presente de Rosinha

Aquele asilo, de caridade só tinha o nome. Mas quem visse como as criancinhas órfãs eram ali recebidas, saía contente e confortado, abençoando aquela casa de infelizes. Mas dona Teresa, certa vez, chegando ali de sopetão, não pôde deixar de exclamar, ao ver uma menina, nos seus cinco anos incompletos, limpando o chão imundo com um pano ainda mais sujo e tão pesado que quase ela não o sustinha nas mãos:

— Tão pequenina e já nesse rude serviço!

Um sorriso inocente e triste aflorou aos lábios de Rosinha. Ela perdera os pais muito cedo e ficara ao desamparo, numa velha casa de cômodos de Botafogo. Andava suja e rasgada, sem os cuidados que teria se a sua mamãezinha fosse viva. Condoída da sua sorte, uma mulher do cortiço tomara conta dela. No começo, tudo ia bem, mas, sofrendo também os acicates da miséria e não dispondo de uma preparação moral adequada, acabou por se desinteressar de Rosinha. Pouco se incomodava que ela estivesse bem ou mal. Olhava-a como um entre outros trastes que lhe enchiam a alcova sórdida: indiferentemente. A menina quase não se alimentava e os tenros ossinhos pareciam prestes a furar-lhe a pele emurchecida. Um dia, com a melhor das intenções, o carteiro Aniceto, que lhe conhecia o drama, propôs à mulher:

— Dona Sebastiana, ó dona Sebastiana!

— Que é, *seu* Aniceto? Que que há?

— A Rosinha está doente?

— Doente o quê, *seu* Aniceto! Isso é uma pestinha ruim como quê!

— Está tão magrinha… Ela não come?

— Se não come é porque não quer! Comida é pouca, mas não falta. Dá pra gente enganar o estômago... Ela é luxenta, *seu* Aniceto… Pobre com luxo é desaforo. Dar na boca, não dou, não…

— Mas ela ainda é muito pequena, dona Sebastiana.

— É, sim, mas já tem idade pra saber o que faz.

— Se eu fosse a senhora, punha ela num asilo de órfãos. Se ela lhe dá tanto trabalho…

— Se dá! E não me ajuda nada, *seu* Aniceto? Eu já quis fazer isso, mas é tanta exigência, tantos papéis, que desisti. E fica essa pamonha a me amolar o dia todo, como se meus filhos não chegassem!

— Seus filhos são mais crescidos e mais fortes, dona Sebastiana...

Rosinha estava perto, porém, na sua candidez, não percebeu que falavam a seu respeito. Distraía-se com uma caixa de fósforos vazia, contente como se fosse belo brinquedo. O carteiro, comovido, abaixou-se, fez-lhe um agrado, interrompido logo por Sebastiana:

— Não faça isso, não, *seu* Aniceto! O senhor está dando asa a essa menina e eu depois é que vou aguentar...

Aniceto não protestou. Apenas fez esta pergunta:

— Estou vendo que a senhora anda muito cansada... Quer que eu a leve para um asilo?

— Se quiser, até agora mesmo.

— Já, não. Depois voltarei para lhe dizer qualquer coisa. Até outro dia, dona Sebastiana. Adeus, Rosinha, adeus!...

E ausentou-se, pensativo.

***

Rostinho magro, olhos fundos, cabelos ralos e empastados pela falta de trato, a menina estava chupando os dedinhos sujos quando o Aniceto a veio buscar. Sofria muito, sem dúvida. Como não conhecesse coisa melhor, chorou ao ser levada dali. Era muito cedo para distinguir o ruim do pior. Não queria sair e chamou, com a vozinha débil:

— Tiana! Tiana! Tiana!...

E lá se foi, por entre lágrimas, para a casa de caridade que, na boa-fé do seu coração sensível, lhe havia arranjado Aniceto.

Uma vez fechada a porta, Rosinha sentiu e estranhou o ambiente. Fria, a preceptora chamou-a, e ela, distraída, não atendeu. Foi o bastante:

— Estou vendo que você tem sido tratada com muito mimo. Venha cá! — berrou irritada.

Assustando-se, Rosinha chorou.

— Ainda chora, não é? Não quero criança manhosa aqui! Só mandam pra cá estes "molambos"! Está tão suja que até dá nojo!

E fez um gesto de repugnância.

Mandou que a lavassem e lhe dessem uma roupinha limpa. Fê-la sentar-se à mesa com as outras crianças, todas de semblante melancólico. Desabituada e saudosa do ambiente em que vivera nos dois anos que mediavam entre o seu nascimento e a acolhida de Sebastiana, Rosinha desandou a chorar convulsivamente.

Sem procurar compreender o estado psicológico da menina, a preceptora agarrou-a brutalmente pelo braço, sacudiu-a e gritou para que todos ouvissem:

— Cale a boca! Não quero gritos, não quero choros aqui!

Enfraquecida e nervosa, Rosinha chorou ainda mais. Foi, então, arrastada para o "quarto escuro", como exemplo às demais crianças.

— Fique aí, sua malcriada! Você hoje não janta, para aprender a ser obediente!

Ao regressar ao refeitório, bradou colérica:

— Eu já estou "cheia", ouviram?! A primeira que quebrar a disciplina irá para o "quarto escuro" sem comer!

As meninas, aterrorizadas, baixaram humildemente a cabeça, pois já conheciam a energia da preceptora.

***

Quase três anos passou ali. Já estava mais crescidinha, pois ia fazer cinco anos. Achava-se limpando o chão quando dona Teresa a viu. Penalizada, não se conteve e se dirigiu à preceptora:

— O que a senhora está fazendo não é direito. Como é que põe uma menina dessa idade e tão fraquinha em serviços pesados?

— A senhora compreende, dona Teresa, o asilo é pobre, não pode pagar a empregados. É preciso que todos os asilados ajudem um pouco...

— Não, não está direito! Sei que algumas pessoas dão o suficiente para que o asilo tenha, pelo menos, dois empregados. No entanto, não é isto o que estou vendo. Nunca supus que esta fosse a caridade que a senhora pratica aqui dentro!

Antes dona Teresa não tivesse dito nada. Mal ela saiu, a preceptora foi buscar Rosinha, furiosa. Bateu-lhe com violência e mandou-a para o famoso "quarto escuro". Cansada, faminta e pesarosa, cheia de medo e sem saber por que fora castigada, Rosinha chorou até adormecer. E só despertou quando ouviu que a chamavam docemente:

— Rosinha! Rosinha!

Ela abriu os olhinhos claros no quarto escuro. Teve a impressão de que estava todo iluminado. Fez carinha de choro e pôs um dedinho na boca... Receava que a preceptora...

— Não tenha medo, Rosinha... Venha cá comigo, venha...

— Quem é você, heim?

— Sou o irmão de todas as criancinhas... Sou Jesus...

— Mas quem é Zizus?

— Jesus, Rosinha, é, como você, filho de Papai do Céu...

— Você vem mi batê, vem? Eu num choro mais, não... Sim?...

A sua vozinha cortava o coração. Ela tremia que fazia dó. Jesus, cuja irradiação luminosa espancara as trevas do improvisado ergástulo, não pôde impedir que duas pérolas rolassem de seus olhos infinitamente meigos. Abraçou e beijou enternecidamente a pequenina, confortando-a:

— Bater em você, por quê, Rosinha?

— A moça dexô você intra aqui, dexô?

Depois, receosa, fez nova pergunta:

— Zizus, você também chorô i vai fica preso, vai?

— Não, Rosinha. Hoje é Dia de Natal e eu vim buscar você para uma grande festa...

Batendo as mãozinhas, a menina sorriu como nunca havia sorrido.

Então, Jesus alegrou-a ainda mais:

— Vou levar você comigo para um lugar muito bonito, onde há uma porção de meninas bonitas como você, cantando e brincando…

Graciosamente, Rosinha beijou a face de Jesus e, nesse instante, sua cabecinha loura ficou mais dourada e em volta dela se formou uma auréola de luz. Pousou a cabecinha no ombro do Divino Mestre e adormeceu.

***

Quando despertou, fraquinha, por não se ter alimentado, achava-se estranhamente satisfeita e alegre. A preceptora dela se aproximou, sempre mal-humorada:

— Como é, manhosa, ainda está muito birrenta?

Rosinha sorriu, fez uma carinha brejeira e sacudiu a cabeça negativamente:

— Ande, venha cá! Vá comer o seu mingau, que está esfriando. Como hoje é Dia de Natal, você tem de limpar a mesa, as cadeiras e o chão, bem limpos, ouviu?

Rosinha acenou a cabeça, denotando haver compreendido. E foi comer o mingau.

De repente, viu Jesus. Sentindo grande fraqueza, ela deixou a cabecinha pousar na mesa, enquanto a colher lhe rolava da mão para o chão. A preceptora, atenta e ríspida, ao vê-la assim, gritou estentoricamente:

— ROSINHA! Comporte-se! Vamos, coma depressa!

Ela, porém, não deu ouvidos à preceptora. Forças estranhas a invadiram e ela foi ao encontro do Mestre, que a esperava de braços abertos.

— Venha, anjinho, venha cá!

Rosinha parecia feliz, na companhia de Jesus...

***

Cá embaixo, neste Umbral de lutas e incompreensões terríveis, que o egoísmo mais torpe acoroçoa, um médico acabava de assinar um papel em que se lia, apenas: "Colapso cardíaco". Era o atestado liberatório que Rosinha obtivera como presente de Natal...

[José Brígido. *Reformador*, dez. 1952.]

3.6

A vitória do perdão

Samuel seguiu tristemente pela orla da praia. Era um desencantado. Tudo quanto pretendera ter na vida, conquistara sem excessivo trabalho. Fizera-se riquíssimo, percorrera o mundo, recebera homenagens, tornara-se requestado. Sentia, porém, que não era realmente ele o ponto de convergência de todo esse interesse, mas a sua fortuna, o dinheiro que acumulara. Tinha milhões em diversos bancos, a ponto de, algumas vezes, não saber com certeza o que fazer de tão grandes haveres. Agora mesmo, Samuel ali estava, ouvindo o ruído das ondas que se quebravam nos rochedos. Fugia de todos, em busca de paz. Entretanto, por que a paz não o visitava, mesmo quando se achava na mais completa solidão? Fora sempre um homem de coração pouco sensível. Fechara-se dentro de si de tal maneira que não lhe penetravam os ecos das queixas dos infelizes, dos choros dos sofredores, dos protestos dos que clamavam por justiça e benefícios.

Depois de molhar os sapatos na areia úmida da praia, Samuel sentou-se numa pedra, pensativo. O Sol estava morrendo lentamente e em sua agonia deixava no céu as cores melancólicas do crepúsculo. O homem, pela primeira vez, desde que se tornara poderoso, sentiu duas lágrimas debruçarem-se nas pálpebras trêmulas. E sem saber por que, perguntou a si mesmo:

"Que fiz eu de bom para merecer a paz que tanto ambiciono?"

Nesse instante, o olhar fixo no horizonte distante, começou a recordar certas passagens de sua vida. Lembrou-se de que, certa vez, fora procurado por um pobre serviçal que, doente, lhe solicitara licença com os vencimentos, pois não podia deixar a família ao desamparo. Qual fora a sua resposta? Samuel, ainda mais triste, relembrou as frases duras com que destruiu as esperanças do infeliz empregado:

— Sinto muito. Não é possível. Eu iria abrir um precedente desagradável. Amanhã, outros viriam pedir a mesma coisa e seria impossível atender. Se eu lhe satisfizesse hoje, cometeria amanhã injustiças.

O desgraçado saiu cambaleante. Não esperava tal resposta do patrão, a quem servira sempre com o maior entusiasmo e a mais fecunda dedicação. O gerente da empresa intercedera junto a Samuel, e este, inflexível, encerrara desta forma o assunto:

— Não se administra com o coração, mas com a cabeça. E não insista!

O gerente saíra sem dizer palavra e tempos depois deixava o serviço, enviando-lhe um cartão com estes dizeres: "Sr. Samuel: Na vida o dinheiro não é o mais importante. Por mais forte, mais belo, mais rico e mais poderoso que o homem seja, nada vale sem bons sentimentos."

Lera o cartão do ex-gerente e friamente o rasgara. Mais tarde soube que o empregado enfermo falecera, deixando a família na maior miséria. Não se perturbou. Chamou o novo gerente e deu ordem para que entregassem à viúva miserável importância para o enterro...

Tudo parecia tão recente que Samuel chegou a estremecer.

***

Em seguida, ergueu-se, pôs-se a caminhar de novo, nervosamente.

— De que me adianta a fortuna que acumulei, se não tenho tranquilidade?! — exclamou. — Tudo que o mundo me podia dar, já tenho, menos a paz que tanto persigo. Resta-me somente a morte.

Resolutamente, encaminhou-se mar adentro, disposto a suicidar-se. Nesse instante, sem saber de onde houvera vindo, alguém lhe segurou o braço, dizendo-lhe:

— Volte, Samuel. Você não tem o direito de pôr fora o que não lhe pertence.

Samuel voltou-se e com espanto viu diante de si o empregado que morrera desgostoso com a sua insensibilidade. Seu coração ficou em sobressalto, até que Lotário, assim se chamava ele, o tranquilizou:

— Não se assuste. Sou eu mesmo, o Lotário. Não morri, como supõe. Estou vivo, bem vivo, mais vivo até do que poderia parecer. Não lhe guardo rancor pelo que fez. Sofri muito. Minha mulher e meus filhos também sofreram. Entretanto, a Justiça de Deus é maior do que a injustiça dos homens. O que lhe falta, Samuel, é banhar a alma nas luzes do Evangelho de Jesus.

— Como me falas em Jesus? Desconheces minha crença?

— Não. Pergunto-lhe, porém: de que lhe tem valido ela, Samuel, se agora mesmo pretendia ofender a magnanimidade de Deus, recorrendo ao suicídio?

— Vejo que estás melhorado. Cursaste alguma universidade? Fizeste algum curso de religião? Não te conhecia assim, Lotário.

— Peço-lhe, Samuel, que não se deixe envenenar pelo sarcasmo.

— E agora percebo a sem-cerimônia com que me falas!

— Não há mais razão para cerimônias, Samuel. Estou libertado dos preconceitos da vida humana, mas se você julga que lhe falto com o respeito, empregarei o tratamento de sua predileção.

— É melhor, é melhor... Sabes que nunca apreciei intimidades com empregados...

— Está bem, senhor Samuel. Não importa o que me diz. Todavia, quero dizer-lhe que não cursei universidade nem fiz curso de religião. Quando fui seu empregado, já professava o credo atual, já aceitava o reinado de amor e bondade de Jesus...

— Mas a que vem isso? Não quero saber de religiões...

— Muito bem, senhor Samuel. Não vim propriamente falar-lhe de religiões. Queria dizer-lhe como, apesar de todas as vicissitudes, encontrei um pouco de paz para confortar meu coração.

— Paz? Tranquilidade? É impossível. Neste mundo não se encontra a paz...

— Discordo. E ia justamente lhe contar onde encontrei paz, quando o senhor se recusou a ouvir-me.

— Se me prometes paz, ouvir-te-ei, Lotário. Caso contrário, podes ir, porque não me interessa arranjar maiores preocupações.

***

As estrelas já brilhavam no céu quando Samuel e Lotário deixaram a praia. O milionário estava outro homem. Havia em seu olhar algo de esperança. Seu semblante não ocultava a discreta alegria que havia em seu íntimo. Retornou ao hotel em que se achava hospedado, enquanto Lotário se esfumou no lusco-fusco da hora.

Todos notaram a diferença que se operara em Samuel. Em vez do homem triste e ensimesmado, lá estava, agora, um homem mais comunicativo, embora ainda discreto. Na tarde do dia seguinte, mais ou menos à hora do crepúsculo, Samuel se dirigiu à praia deserta. Lá encontrou Lotário, que o recebeu com inequívoca demonstração de simpatia.

— Senhor Samuel...

— Pronto, Lotário! Pronto, Lotário! Gostei muito de ouvir o que me dissestes ontem. Será possível que eu consiga também ser feliz?

— Sim, será possível. Tudo está dependendo da sua autodeterminação. Experimente empregar sua imensa fortuna em benefício da Humanidade, procure mitigar a fome dos famintos, o frio dos que se encontram nus, busque aliviar as dores dos desgraçados que sofrem ao abandono, ou em leitos de hospitais, sem que possuam um coração amigo que os conforte. Transforme sua fortuna numa força útil.

— Assim ficarei na miséria, Lotário.

— Não, senhor Samuel. Assim, o senhor conquistará a fortuna que faz a felicidade das criaturas: a paz de espírito.

— Mas se eu não esqueço o que fiz, as dores que semeei, a miséria que provoquei em torno de mim, os gritos daqueles que se arruinavam para que a minha fortuna crescesse... Não, isso não é possível, Lotário!

— Mas que é isso?! No momento de iniciar a marcha para a vitória, o senhor proclama a própria derrota? Mais do que nunca, é preciso lutar. E a luta para o bem é a melhor luta. Socalque os velhos preconceitos, pense na obra que vai realizar, construa o seu novo futuro. Empregue todos os seus pensamentos nessa obra e a ela dedique todos os seus esforços. Se assim o fizer, dentro em pouco sentirá alegrias como nunca experimentou. Todavia, tome este livro para que o seu itinerário seja certo. Leia-o e procure seguir o melhor que puder o rumo que ele indica. Mesmo quando as dificuldades o sobressaltarem, procure no livro a solução para os seus problemas e verá como tudo se irá aclarando e simplificando, à medida que a sua compreensão se for enriquecendo nas verdades que ele contém.

Assim dizendo, Lotário entregou a Samuel um exemplar do Evangelho de Jesus. Samuel estremeceu e vacilou. Em seguida, como se houvesse tomado firme resolução, aceitou o livro, dizendo:

— Obrigado, Lotário. Se tudo der certo...

***

Muitos anos decorreram depois desse episódio. Samuel não mais se separou do livro que Lotário lhe dera. Transformara-se completamente. Suas fábricas adquiriram feição nova e os regulamentos foram alterados para melhor. Aquela odiosidade que nascera contra ele, pela frieza com que tratava os que dependiam de seu poder, desaparecera. Os mais encarniçados inimigos já reconheciam que Samuel estava diferente. Fizera-se caridoso, sem, no entanto, exibir espírito caritativo. Mal sabia que um empregado se achava enfermo ou em dificuldades, providenciava para que ele tivesse o de que necessitava. Tomara a seu cargo a educação e a instrução dos filhos dos operários. Mandara edificar uma escola em cada um dos lugares em que possuía fábrica. Os hospitais por ele doados eram modernos e bem aparelhados. Estabelecera prêmios para os jovens que se destacassem nos estudos e no trabalho. Fundara maternidades, creches, instituições de auxílio social. De tal maneira se empolgara pela ideia de fazer o bem que não se preocupava com os lucros que pudesse estar dando o consórcio a que presidia. Quanto mais distribuía, mais seus negócios progrediam. Iniciou uma cruzada contra os vícios e arrancou muitos infelizes do jogo, do álcool, da vida pecaminosa. Salvou criaturas que se abismavam nos antros de prostituição, auxiliou a ciência, distribuindo bolsas de estudo; incrementou as artes. Jamais havia trabalhado tanto. Havia dias que não tinha tempo para uma refeição tranquila. Entretanto, coisa estranha, ele se sentia feliz, tinha paz no coração. Perdera o orgulho e a arrogância. Quando encontrava um empregado na rua, saudava-o cordialmente, sorrindo. E seu sorriso era para o subordinado como um incentivo para o trabalho, um encorajamento para a luta de todos os dias.

***

Aproximava-se a Noite de Natal. Samuel organizara numerosas comissões e as incumbira de levar a hospitais, asilos, penitenciárias, bem como aos bairros pobres, auxílios extraordinários e meios para que todos tivessem um Natal diferente, bem melhor que até então. Esgotara-se na supervisão dos trabalhos gerais, mas sentia inexprimível felicidade. Samuel era outro! Aprendera a orar. Jamais procurara o leito sem o testemunho da prece, após o reexame de consciência indispensável ao confronto de méritos e deméritos; jamais iniciara as atividades de cada dia sem o arrimo da oração sincera. Aprendera a amar o próximo. Seu coração empedernido se abrandara ao contato com as lições do Evangelho. Já sabia sentir, já sabia chorar, já sabia sorrir. Resgatara muitos de seus débitos morais e não esquecia os males cansados por sua conduta anterior.

***

Depois de um dia afadigante, repousava o corpo, lucificando o espírito na leitura de "O Sermão da Montanha", quando ouviu a voz de Lotário:

— Senhor Samuel?

Seu olhar passeou pela sala, e, quando encontrou Lotário, Samuel, contente, não escondeu sua gratidão àquele que lhe indicara o caminho da tranquilidade:

— Lotário! Se soubesse como me sinto feliz! A ti devo a ventura que hoje experimento.

— A mim, nada, Sr. Samuel — respondeu humilde e modestamente seu ex-empregado. — Fui apenas instrumento da bondade de Jesus, senhor Samuel.

— Senhor Samuel? Não me trates mais assim, Lotário. Compreendo quanto me distanciava da verdade quando te impus esse tratamento. Merecerei o teu perdão, hoje que tenho abertos os olhos da alma?

— Nada tenho que perdoar, Sa... Samuel. Cumpri meu dever de espírita-cristão, seguindo as instruções que o Mestre nos dá por meio do *Evangelho*. Se sou digno de alguma recompensa, ganhei mais do que me julgava merecedor, por ver você integrado na falange dos trabalhadores de Jesus. Vim buscá-lo para juntos percorrermos todos os lugares em que serão realizadas as comemorações do Natal, determinadas por você. Quer vir?

— Como não, Lotário? Desejo contemplar o sorriso de esperança dos sofredores, a alegria nos olhos das crianças pobres, o contentamento no coração dos pais que nunca tiveram nada para dar aos filhos nesta noite gloriosa. Como não, Lotário? Quero ir, sim. Agora que me confortaste com o teu perdão, desejo sair um pouco, se as forças me ajudarem. Tuas palavras têm o perfume da benevolência fraterna. O Evangelho me deu a ideia da grandeza do bem, e, se não pude realizar tudo quanto desejava, pelo menos me esforcei por compensar parte dos meus antigos erros.

***

De repente, Samuel sentiu-se entontecido, a cabeça se lhe rodou e algo de estranho envolveu-lhe o espírito. Dera-se, sem ele o perceber, o desenlace final...

Lotário, cuja fronte irradiava intensa luz, abraçou-se, comovido, ao Espírito do amigo e os dois, felizes, partiram, demandando os locais onde se festejava alegremente o Natal de Jesus.

***

Lotário vencera a resistência de Samuel pelo perdão. De todos os sentimentos que exornam a personalidade humana, nenhum é mais amplo, mais profundo e mais belo que o perdão, porque ele é, a um só tempo: Amor, Caridade, Renúncia, Coragem, Incentivo e Esperança.

[José Brígido. *Reformador*, dez. 1953.]

3.7

A "Casa do caminhante perdido"

A pobre viúva vivia, aflita, em orações comoventes, pedindo a libertação do filho, condenado e recolhido há vários anos a uma penitenciária.

— Ó Pai! Ele é inocente, tenho a certeza de que ele é inocente! Por quê, então, paga por um crime que não cometeu, vendo sua mocidade poluída e arruinada?! Por quê, ó Pai?!

Sempre concluía sua invocação a Deus forçada pelo pranto.

O processo que levara o rapaz à prisão, por homicídio, fora minucioso. Todas as circunstâncias e a falta de álibis concorreram para a sua condenação. De nada adiantaram os argumentos de seu advogado, que se viu batido pela dialética de um promotor talentoso, mas frio e cruel, cujas palavras impressionaram decisivamente os jurados. Ela, pobre, sem recursos, doente, não podia sequer viajar para ir vê-lo e consolar a profunda paixão maternal. Dava pena ver aquela mulher de cabelos brancos, de corpo minguado, a face emurchecida pelo sofrimento, como uma flor exposta aos rigores do sol, depois de retirada sem cuidado da estufa protetora. O admirável é que ela não perdia a fé. Quase aos rastos, penetrava o pórtico da igreja, fazia "promessas", multiplicava a contagem dos terços e regressava, cada vez mais triste e exausta, ao aposento humilde, na esperança de que, na próxima vez, o milagre se verificaria... E tudo continuava na mesma.

Entretanto, que fé prodigiosa a que sustentava a vida quase exaurida de tão infeliz criatura! Cada insucesso fazia renascer-lhe na alma um raio de esperança nova e ela voltava a rezar, tornava às "promessas", aumentava o itinerário dos dedos cansados nas contas gastas do rosário extenso. Certa manhã, ao levantar-se, sentiu-se esgotada. Por instantes, o desânimo ensombreceu o espírito forte dessa valorosa mulher, que dava tão grande demonstração de amor filial. E ela chorou mais do que das outras vezes, porque talvez pensasse, num instante de fraqueza, que os ecos dos seus gemidos e das suas orações se perdessem no longo e lúgubre silêncio das noites de insônia.

***

Logo, porém, recuperou a energia que parecera fugir-lhe. Não compreendia por que seu filho, tão meigo e bom, experimentava as torturas dessa provação, embora inocente. Ele não podia ser culpado! Ele não era culpado! Tinha absoluta convicção da sua inocência e, enquanto tivesse forças, haveria de pedir por ele... Nesse dia, sua enfermidade progredira, tanto que, para locomover-se, o fazia com extrema dificuldade. Sua vontade, no entanto, era poderosa. Iria uma vez mais à igreja e solicitaria a intercessão da divina justiça. Tudo lhe dizia que, dessa vez, seria atendida pelo Pai, que é bom, magnânimo e compassivo.

Cambaleante, afogueada pela febre, mas fortalecida pela esperança que lhe dava uma alegria inusitada, partiu a caminho do templo. Cada passo exigia um sofrimento a mais, porém todas as dores físicas eram bem menores que a dor moral que lentamente a quebrantava. Entre o quarto em que morava e a igreja, havia modestíssimo Centro Espírita, que ela, presa aos preconceitos religiosos em que fora criada, evitava, cheia de temores. E, à proporção que avançava, suas forças iam cedendo, até que uma dor forte a derrubou bem à porta do Centro Espírita "Casa do caminhante perdido". O frio e a chuva davam um tom fúnebre à noite que descia. Levando a esquálida mão ao peito, ela gritou e desfaleceu. Imediatamente socorrida, foi levada para o interior da "Casa do caminhante perdido", onde recebeu carinhosa assistência. Quando, ofegante, a pobre mulher entreabriu os olhos, tristemente profundos e marejados, seu olhar inquieto se encontrou com um quadro simples, em que se via Jesus acariciando a cabeça de uma criança. Um suspiro profundo visitou-lhe o colo ressequido. As lágrimas cresceram e, céleres, abandonaram as órbitas amenizadas pela desventura.

— Minha irmã ainda está sentindo dores? — perguntou-lhe o dirigente do Centro.

— Quase nada... está passando... — murmurou ela, quase imperceptivelmente.

— Descanse um pouco. Feche os olhos e tente repousar...

— Obrigada... — foi a sua resposta apagada, por entre os lábios descorados, nos quais não chegou a aflorar o sorriso de reconhecimento.

***

Enquanto a socorrida dormia, iniciou-se no Centro, por ser o dia fixado, a sessão espírita de costume. Quase ao fim dos trabalhos, um Espírito manifestou-se por intermédio do médium da casa:

— Desejo falar com a senhora X...

Consoante a praxe, foi pedido o comparecimento à mesa da senhora mencionada. Ninguém respondeu. Novo silêncio cobriu o apelo seguinte. O Espírito insistiu, ao ser informado de não se achar presente a senhora X:

— Ela está presente! Vocês acabaram de socorrê-la.

Assim dizendo, o Espírito fez o médium aproximar-se do local em que a infeliz viúva se encontrava deitada e já meio desperta e lhe disse com a maior suavidade:

— Minha querida X...

Ao ouvir aquela voz, que lhe devia ser muito familiar, ela descerrou os olhos e, esboçando um sorriso, comentou, dirigindo-se ao médium:

— Ah! Interessante. O senhor tem a voz tão parecida com a dele!... Interessante...

O Espírito persistiu:

— Minha querida X... Sou eu, o Leandro, teu marido, quem está aqui a teu lado... Não te assustes. Queres uma prova? Lembras-te daquela moeda que, juntos, lançamos ao lago, quando estávamos noivos? Lembras-te?

Ela, semiperplexa, mas serena, pensou um instante e retrucou a seguir:

— Lembro-me, sim, mas esse exemplo nada prova. O senhor (sua palavra era dirigida claramente ao médium) tem a voz muito parecida com a dele, não há dúvida alguma. Pode, entretanto, ter sabido de tudo isso... Não! Não creio nessas coisas. Os mortos estão mortos, não voltam! Isto é...

Debulhada em lágrimas, a infeliz cobriu o rosto com as mãos.

Nesse momento, o médium se debruçou mais um pouco sobre ela e a voz do Espírito murmurou ao ouvido da desditosa criatura alguma coisa que a fez estremecer, tanto que, surpreendida, ela exclamou:

— Como pode ser! Se é real que tu estás aqui, Leandro, por que não me apareceste antes para ajudar-me a vencer as tremendas dificuldades que tenho enfrentado até hoje? Não! É o demônio que quer tentar-me!

Em derredor da doente, as preces continuavam num ambiente de profundo silêncio. Todos procuram confortá-la e os trabalhadores invisíveis não cessavam de fortalecê-la com adequados passes. Em volta de sua cabeça, divisavam os videntes um halo de luz. E, assim, foi a pobre sofredora reagindo satisfatoriamente. Era compreensível a sua resistência, porque, educada num mundo de preconceitos, era-lhe impossível aceitar logo a evidência da verdade.

Depois de alguns segundos, o Espírito Leandro tomou outra vez a palavra:

— Acalma-te, querida X. Esta é uma casa cristã. Nada aconteceu antes, porque ainda não havia chegado a hora, nem foi à toa que caíste diante de nossa porta. Nada sucede por acaso. Tudo tem uma razão para acontecer e muitas vezes nos surpreendemos e negamos a realidade, porque desconhecemos os motivos que a determinaram. É por isso que tudo tem a sua hora. Quem está a teu lado é realmente Leandro, o teu marido. Não morri totalmente, como pensas. Quem morreu, se assim podemos dizer da transformação a que a carne é submetida depois de abandonada pelo Espírito, foi o meu envoltório físico, a roupagem terrena. Minha alma permanece intacta e desfrutando de todas as suas faculdades morais e intelectuais. Aludi à moeda para demonstrar-te a sinceridade da minha afirmativa de estar presente. Sou agora apenas Espírito, e para poder manifestar-me na Terra, de acordo com as leis que regem as relações entre o mundo físico e o mundo invisível, tenho de valer-me do corpo somático de algum irmão de boa vontade e dotado de condições que são denominadas "mediúnicas". Sem isso não me seria dado falar-te como te falo agora, até com a mesma voz de que pude valer-me quando ainda no curso da minha encarnação. Sem esse corpo a mim emprestado, continuarias ignorando a minha presença, como sempre a ignoraste, apesar de jamais eu ter deixado de estar a teu lado nos momentos agudos da tua vida, minha querida X. Aqui não há demônios, conforme a calculada fantasia de velhas religiões te ensinou. Estás cercada de amigos, de obreiros de Jesus, que lutam pela conquista de graus evolutivos progressivamente mais altos. Mesmo que os irmãos ainda em grau inferior de evolução moral pudessem ser qualificados de demônios, mereceriam, como merecem, a nossa ajuda, porque conforme as Leis Divinas, nenhum Espírito poderá ser eternamente mau, pois a finalidade da vida, em qualquer plano, é o Bem.

A senhora X, atenta, compreendia o esclarecimento oportuno de Leandro. As mutações de sua fisionomia denotavam que já começava a interessar-se pelo delicado assunto, novo e maravilhoso para ela, embora cheio de mistérios, porque nunca soubera a verdade sobre o Espiritismo.

E Leandro prosseguiu:

— Tenho partilhado de todas as tuas mágoas e procurado também confortar o nosso filho, preso por crime que não cometeu. Mas, antes de continuar, volto a falar-te daquela moeda. É muito importante para a tua orientação. Recordas-te de uma particularidade que ela apresentava?

— Não — respondeu ela, depois de pensar alguns instantes.

— Era uma moeda italiana. Descobriste, já à beira do lago, que o "l" da palavra "Lire" estava cortado ao meio... Comentamos juntos esse fato, antes de a atirarmos à água. Lembras-te agora?

Iluminou-se, então, a face pálida da senhora X. A revelação era forte, mas necessária. Amparada como se achava por irmãos invisíveis, ela não corria nenhum risco de emocionar-se em demasia.

Apertando as mãos do médium, expandiu-se:

— Lembro-me, sim! Isso é verdade! Leandro, nunca pensei que fosse possível acontecer o que está acontecendo! Durante anos tenho pranteado a tua ausência, pois julgava que estivesses perdido para sempre. Sinto, porém, que és tu mesmo quem está a meu lado. A tua voz, o teu jeito de dizer as coisas... Mas... e o nosso filho?

Leandro, afagando-a, tornou:

— Prepara-te para outra revelação. Nossa vida é entretecida de consequências pelo que fizemos e fazemos. Há uma lei — de causa e efeito — que regula, baseada em existência anterior, a nossa vida presente e futura. Não temos céu nem inferno, segundo a concepção antiga de religiões superadas pela razão. Assim como ninguém é irremediavelmente condenado a castigos eternos, porque a todos é dada a oportunidade de reabilitar-se por si mesmo, através de outras vidas, onde cada qual expia erros e faltas, preparando-se para existências mais felizes, todos alcançam o prêmio do bem que praticam, realizando as colheitas decorrentes de semeaduras abençoadas.

Nosso filho é inocente nesta encarnação. Nada fez agora, mas está sofrendo no cárcere culpas do pretérito, de outras existências. Isto não quer dizer que o deixemos sem defesa. Continuaremos a pugnar por sua libertação, que está próxima. Seu nome será redimido, e o verdadeiro culpado, ferido pelo remorso, concorrerá para restabelecer-lhe a honra maculada.

— Ah! Leandro! Como Deus é bom! Alguma coisa me dizia que, hoje, minhas preces não seriam infrutíferas. Será que nosso filho será libertado antes do Natal? Faltam tão poucos dias... Se eu pudesse ir buscá-lo para consolar-me nele! Se eu pudesse afagá-lo, alisando-lhe os cabelos com a ternura das minhas mãos!

Nova crise de choro sobreveio.

Leandro, como todos os presentes, estava comovido. Procurou confortá-la.

— Paciência, minha querida, paciência... Falta tão pouco... A Justiça de Deus não sofre injunções. Confia, como tens confiado até aqui. Preciso partir. Sabes agora que também trabalho pela salvação de nosso filho. Ele está distante, mas virá ver-te logo que lhe soar a hora da remissão.

A senhora X, lacrimosa, já sorria aquele sorriso simpático e triste dos sofredores que não perdem a fé. Bendizia as circunstâncias que a haviam levado à "Casa do caminhante perdido". Se pudesse, nos dias porvindouros voltaria para sentir a presença de Leandro e falar-lhe, se possível. Aprendera que Jesus não marca previamente os lugares que percorre na grande obra da caridade, nem reconhece divisões religiosas sectárias. Para Ele, todo ser humano é um irmão que deve ser envolto no seu amor.

***

Decorreram alguns dias e já se ouviam os ruídos alegres da véspera do Natal. A velha viúva, em estado comatoso, fora recolhida a um hospital. Não pudera saber, portanto, que os jornais anunciavam com estardalhaço que um homem se apresentara como culpado do crime de que era acusado seu filho. As manchetes exploravam pormenores do erro judiciário, que levara à prisão, por mais de dez anos, um jovem inocente!

[...]

Comprovada a procedência da confissão feita pelo verdadeiro criminoso, foi a notícia levada ao filho da senhora X. Sua alegria foi enorme, mas não resistiu à comoção e tombou fulminado por uma síncope cardíaca. Estava, contudo, com o nome limpo, reabilitado. Resgatara a culpa de haver, em encarnação anterior, deixado que outro inocente purgasse na prisão o crime que ele próprio consumara. O "carma" não falha e a pena de talião sempre se exerce por meio da "lei do retorno".

***

Naquele mesmo instante, já na madrugada do Natal, a senhora X transpunha o limiar do Além com a mais santa serenidade. Vislumbrou diante de si dois vultos que para ela caminhavam. Admirada, porque não se apercebera da transição, parou, fitando-os, como a querer identificá-los. Em seguida, louca de alegria, partiu em direção a eles, exclamando, ao mesmo tempo que de seus olhos corriam lágrimas de felicidade:

— Meu filho! Meu filho!...

[José Brígido. *Reformador*, dez. 1987. Transcrito de *Reformador*, dez. 1959.]

3.8

Na glória do Natal

Senhor — Rei divino projetado às sombras da manjedoura —, diante do teu berço de palha recordo-me de todos os conquistadores que te antecederam na Terra.

Em rápida digressão, vejo Sesóstris, em seu carro triunfal, pisando escravos e vencidos, em nome do Egito sábio, e Cambises, o Rei dos persas, ocupando o vale do Nilo, antes poderoso e dominador.

Recordo as lutas sanguinolentas dos assírios, disputando a hegemonia do seu império dividido e infeliz.

Nabopolassar e Nabucodonosor reaparecem à minha frente, arrasando Nínive e atacando Jerusalém, cercados de súditos a se banquetearem sobre presas misérrimas para desaparecerem, depois, num sudário de cinza.

Não observo, contudo, apenas o gentio, na pilhagem e na discórdia, expandindo a própria ambição; o povo escolhido, apesar dos desígnios celestes que lhes fulguram na Lei, entrega-se, de quando em quando, à sementeira de miséria e ruína; revoluções e conflitos ceifam as doze tribos e o orgulho desvairado compele irmãos ao extermínio de irmãos.

Revejo os medas, açoitados pelos cimerianos e citas.

Dario surge, ao meu olhar assombrado, envolvido nos esplendores de Persépolis para mergulhar-se, em seguida, nos labirintos do túmulo.

Esparta e Atenas, entre códigos e espadas, se estraçalham mutuamente, no impulso de predomínio; numerosos tiranos, dentro de seus muros, manobram o cetro da governança, fomentando a humilhação e o luto.

Alexandre, à maneira de privilegiado, passa esmagando cidades e multidões, deixando um cortejo de lágrimas, atrás da fanfarra guerreira que lhe abre caminho à morte, em plena mocidade.

E os romanos, Senhor? Desde as alucinações dos descendentes de Príamo ao último dos imperadores, deposto por Odoacro, jamais esconderam a vocação do poder, arrojando povos livres ao despenhadeiro da destruição...

Todos os conquistadores vieram e dominaram, surgindo na condição de pirilampos barulhentos, confundidos, à pressa, num turbilhão de desencanto e poeira. Tu, porém, Soberano Senhor, te contentaste com o berço da estrebaria!

Ministros e sábios não te contemplaram, na hora primeira, mas humildes pastores se ajoelharam, sorridentes, diante de ti, buscando a luz de teus olhos angelicais...

Hinos de guerra não se fizeram ouvir à tua chegada libertadora; todavia, em sinal de reconhecimento, cânticos abençoados de louvor subiram ao Céu, dos corações singelos que te exaltavam a Estrela gloriosa, a resplandecer nos constelados caminhos.

Os outros, Senhor, conquistaram à custa de punhal e veneno, perseguição e força, usando exércitos e prisões, assassínio e tortura, traição e vingança, aviltamento e escravidão, títulos fantasiosos e arcas de ouro...

Tu, entretanto, perdoando e amando, levantando e curando, modificaste a obra de todos os déspotas e legisladores que procediam do Egito e da Assíria, da Judeia e da Fenícia, da Grécia e de Roma, renovando o mundo inteiro.

Não mobilizaste soldados, mas ensinaste a um punhado de homens valorosos a luminosa ciência do sacrifício e do amor. Não argumentaste com os reis e com os filósofos; no entanto, conversaste fraternalmente com algumas crianças e mulheres humildes, semeando a compreensão superior da vida no coração popular...

E por fim, Mestre, longe de escolheres um trono de púrpura a fim de administrares o Reino divino de que te fizeste embaixador e ordenador, preferiste o sólio da cruz, de cujos braços duros e tristes ainda nos envias compassivo olhar, convidando-nos à caridade e à harmonia, ao entendimento e ao perdão.

Conquistador das almas e governador do mundo, agora que os teus tutelados afiam as armas para novos duelos sangrentos, neste século de esplendores e trevas, de renovação e morticínio, de esperanças e desilusões, ajuda-nos a dobrar a cerviz orgulhosa, diante do teu singelo berço de palha!...

Mestre da verdade e do bem, da humildade e do amor, permite que o astro sublime de teu Natal brilhe, ainda, na noite de nossas almas e estende-nos caridosas mãos para que nos livremos de velhas feridas, marchando ao teu encontro na verdadeira senda de redenção.

[Irmão X, *Pontos e contos.*]

3.9

O conquistador invencível

Sem nos referirmos aos guerreiros e tiranos do Nilo e do Eufrates, outros grandes conquistadores haviam passado antes dele...

Cambises, rei dos persas, à feição de louco, após assassinar o irmão e a esposa, dominou o Egito, incendiando lares, destruindo santuários, trucidando mulheres e crianças, acabando a existência vitimado pela própria agressividade.

Alexandre Magno, rei da Macedônia, alçado à História por valoroso comandante da civilização, impôs-se aos trácios, aos gregos, aos ilírios, aos sírios, aos judeus, aos egípcios, aos persas, marcando a sua passagem com os sinais da humilhação e da morte, e, ainda moço, veio a perecer melancolicamente de febre, na Babilônia.

Aníbal, o chefe cartaginês, em seu ódio a Roma, senhoreou terras e populações da Espanha e da Itália, espalhando maldição e miséria, aflições e ruínas, envenenando-se, mais tarde, na Bitínia, para não entregar aos inimigos a própria cabeça.

Cipião, o famoso general romano, submeteu a África, emoldurando a sua carreira com o pavor e o sangue dos vencidos, sucumbindo, depois, no exílio da Campânia, entre desesperos e amarguras.

Todos passaram, empertigados nos seus carros triunfais, com luzidas armaduras e gritos selvagens de dominação, temidos e odiados, para descerem dos pináculos de triunfo aos vales escuros de cinza e esquecimento.

Ele, porém, chega e fica.

Seu berço é a manjedoura singela que uma estrela assinala.

Não traz carruagens de ouro, nem se serve com baixelas de prata.

Não tem exércitos, nem palácios.

Não possui legionários, nem escravos.

Não dispõe de alianças com os poderosos da Terra, nem conta com o apoio de juízes do mundo.

Ergue, porém, diante de todos, o coração inflamado de amor e chama a si os fracos e os tristes, os pobres e os desamparados, os vencidos e os doentes, os velhos e as crianças...

Descortina à inteligência do povo a visão do Reino da Luz, cujas portas devem ser descerradas com as chaves da bondade e do trabalho, do entendimento e do perdão...

Caminha para diante, ajudando e servindo, e para que o ódio e a crueldade, a ignorância e a violência não se entronizem nas almas, submete-se, Ele mesmo, ao sacrifício na cruz, legando à Humanidade a revelação da vida eterna sobre o túmulo vazio.

Reaviva-se a fé, amplia-se a esperança, e a caridade brilha, imorredoura...

Desde então, o poder do Invencível Conquistador cresce com os dias...

E sempre que o mundo recorda o Rei Divino, descido do trono celestial às palhas da manjedoura, o pensamento humano, por suas forças mais representativas, associa-se aos cânticos das milícias celestiais e acrescenta, deslumbrado:

— Glória a ti, ó Cristo! A esperança da Terra te saúda e glorifica para sempre!...

[Irmão X, *Estante da vida.*]

3.10

O Natal diferente

Muito raro observar-se temperamento tão apaixonado quanto o de Emiliano Jardim. No fundo, criatura generosa e sincera, mas as noções materialistas estragavam-lhe os pensamentos. Debalde cooperavam os amigos em renovar-lhe as ideias. O rapaz reportava-se a umas tantas teorias de negação, e a moléstia espiritual prosseguia do mesmo jeito. O casamento, realizado entre pompas familiares, em nada melhorara a situação; quando, porém, Emiliano experimentou a primeira dor da paternidade, ao ver o filho arrebatado pela morte, esse golpe profundo lhe abalou o espírito personalista.

Justamente por essa época, generoso padre meteu-lhe nas mãos um livro de consolação religiosa, à guisa de socorro.

Em semelhante fase do caminho, o contato com os ensinamentos de Jesus lhe encheu a alma de serena doçura. Estava deslumbrado. Como não compreendera antes a beleza da fé?

Fez-se católico, sob aplausos gerais. Os afeiçoados se entreolhavam satisfeitos.

Emiliano, contudo, embora seduzido pelas verdades luminosas do Mestre, trazia a sua lição através da vida, como lhe acontecera ao tempo dos antigos postulados negativistas. Acreditando servir ao ideal divino do Evangelho, terçava armas cruéis contra todos os que entendiam Jesus por prismas diferentes. Acusava os protestantes, malsinava os espíritas.

Os anos, porém, correram na sabedoria silenciosa do tempo.

Ralado pelas desilusões de todo homem que procura a felicidade longe da redenção de si mesmo, o nosso amigo, certo dia, passou-se de armas e bagagens para o Protestantismo. Entretanto, por mais que se esforçassem os companheiros, Emiliano não conseguia realizar a visão interna do Cristo, como Divino Amigo de cada instante, por intermédio de seus imperecíveis ensinamentos.

Tornou-se anticlerical violento e rude. Esquecera todos os bens que a Igreja Católica lhe proporcionara, para recordar apenas suas deficiências, visíveis na imperfeição da criatura. Alguns amigos menos vigilantes o felicitavam pelo desassombro; todavia, os mais experimentados reconheciam que o novo crente mudara a expressão religiosa exterior, mas não entregara o coração ao Cristo.

Depois de longa luta, Emiliano sente-se insatisfeito e ingressa nos arraiais espiritistas.

Emiliano, qual sucede à maioria dos crentes, admite a verdade, mas não dispensa os benefícios imediatos; dedica-se a Jesus, anseia por vê-lo nos outros homens, antes de senti-lo em si próprio. Sua atividade geral transtorna-se. Enfrenta de armas na mão todos os companheiros antigos. Supõe que deve levar a defesa da Nova Doutrina ao extremo. A bondade dos guias espirituais, que se comunicam nas reuniões, ele a toma por elogio às suas atitudes.

Como, porém, a justiça esclarecida é sempre um credor generoso, que somente reclama pagamento depois de observar o devedor em condições de resgatar os antigos débitos, Emiliano, na posse de numerosos conhecimentos e bafejado de tantas exortações divinas, penetrou no caminho do resgate das velhas dívidas. Tempos difíceis surgiram-lhe no horizonte individual. Enquanto se esforçava para remover alguns obstáculos, outras montanhas de dificuldade apareciam inesperadamente. A moléstia, a escassez de recursos e a ironia dos ingratos visitaram-lhe a casa honesta. A princípio resignado e forte, acabou desesperando-se. Dizia-se abandonado pelos amigos espirituais e acusava os médiuns, cheios de obrigações sagradas, tão só porque não podiam permanecer em longas concentrações, para solução dos seus casos pessoais. Sentia-se perseguido por maus Espíritos, e, na sua inconformação, magoava companheiros respeitáveis.

A dor, todavia, não interrompeu sua função purificadora. Depois de penosa enfermidade, sua velha genitora partiu para a vida espiritual em condições amargas. Não passou muito tempo e a esposa, perturbada nas faculdades mentais durante três anos, seguia o mesmo caminho. Em seguida, os dois filhos que criara, com excessos de carinho, se voltaram contra o coração paternal, com injustas acusações. Ao ensejo da calúnia, os últimos companheiros fugiram. O nosso amigo, outrora tão discutidor e tão violento, experimentou desânimo invencível. Nunca mais foi visto em rodas doutrinárias, nas tertúlias da inteligência; comumente era encontrado, como vagabundo vulgar, escondendo lágrimas furtivas.

Numa radiosa véspera de Natal, em que o ambiente festivo lhe falava da ventura destruída ao coração, Emiliano chorou mais que de costume e resolveu pôr termo à existência.

À noite, encaminhou-se para a praia, alimentando o sinistro desígnio. Antes, porém, de consumar o erro extremo, pensou naquele Jesus que restituíra a vista aos cegos, que curara os leprosos, que amara os pobres e os desvalidos. Tais lembranças lhe nevoaram os olhos de pranto doloroso, modificando-lhe as disposições mais íntimas.

Foi aí, nessa hora amargurada em que o mísero se dispunha a agravar as próprias angústias, que uma voz suave se fez ouvir no recôndito de seu espírito:

— Emiliano, há quanto tempo Eu buscava encontrar-te; mas sempre me chamavas por intermédio dos outros, sem jamais procurar-me em ti mesmo! Dá-me a tua dor, reclina a cabeça cansada sobre o meu coração!... Muitas vezes, o meu poder opera na fraqueza humana. Raramente meus discípulos gozam o encontro divino, fora das câmaras do sofrimento. Quase sempre é necessário que percam tudo, a fim de me acharem em si mesmos. Tenho um santuário em cada coração da Terra; mas o homem enche esse templo divino de detritos, ou levanta muralhas de incompreensão entre o seu trabalho e a minha influência... Nessas circunstâncias, em vão me procuram...

Emiliano estava inebriado. Não ouvia propriamente uma voz idêntica à do mundo, mas experimentava o coração tomado por poderosa vibração, sentindo que as palavras lhe chegavam ao íntimo como aragem celestial.

— Volta ao esforço diário e não esqueças que estarei com os meus discípulos sinceros até o fim dos séculos! Acaso poderias admitir que permaneço em beatitude inerte, quando meus amigos se dilaceram pela vitória de minha causa? Não posso estacionar em vãs disputas, nem nas estéreis lamentações, porque necessitamos cuidar do amoroso esclarecimento das almas. É por isso que estou, mais frequentemente, onde estejam os corações quebrantados e os que já tenham compreendido a grandeza do espírito de serviço. Não te rebeles contra o sofrimento que purifica, aprende a deixar os bonecos a quantos ainda não puderam atravessar as fronteiras da infância. Não analiseis nunca sem amar. Lembra-te de que, quando criticares teu irmão, também Eu sou criticado. Ainda não terminei minha obra terrestre, Emiliano! Ajuda-me, compreendendo a grandeza do seu objetivo e entendendo a fragilidade dos teus irmãos. Dá o bem pelo mal, perdoa sempre! Volta ao teu esforço! Em qualquer posto de trabalho honesto poderás ouvir minha voz, desde que me procures no coração!...

Emiliano Jardim sentiu que as lágrimas agora eram de júbilo e reconhecimento.

Em breves instantes, experimentava radical transformação.

À sua frente via a imensidade do céu e a imensidade do oceano, sentindo-se como num mundo em que o Cristo houvera nascido. Recordou que não tinha senão escórias de miséria para ofertar a Jesus, e que seus sentimentos rudes simbolizavam aqueles animais que foram as primeiras visitas da manjedoura singela.

Deslumbrado, endereçou um pensamento de paz a todos os companheiros do pretérito e começou a compreender que cada um permanecia em sua posição de trabalho, na tarefa que o Senhor lhe designara. Poderosa vibração de amor ligava-o à Criação inteira. Não se torturava em raciocínios. Compreendia e chorava de júbilo. Levantou-se, enxugou as lágrimas e retomou o caminho da cidade barulhenta.

O nosso amigo conhecia de longos anos o Salvador, mas só agora encontrara o Mestre. Emiliano Jardim regressou, renovado, ao labor do Evangelho, depois do Natal diferente.

[Humberto de Campos, *Reportagens de Além-túmulo.*]

3.11

A revolução cristã

Ouvindo variadas referências ao novo reino, Tomé impressionara-se, acreditando o povo judeu nas vésperas de formidável renovação política. Indubitavelmente, Jesus seria o orientador supremo do movimento a esboçar-se pacífico para terminar, com certeza, em choques sanguinolentos. Não se reportava o Mestre, constantemente, à vontade do Todo-Poderoso? Era inegável o advento da era nova. Legiões de anjos desceriam provavelmente dos céus e pelejariam pela independência do povo escolhido.

Justificando-lhe a expectativa, toda gente se agrupava em redor do Messias, registrando-lhe as promessas.

Estariam no limiar da Terra diferente, sem dominadores e sem escravos.

Submetendo, certa noite, ao Cristo as impressões de que se via possuído, dele ouviu a confirmação esperada:

— Sem dúvida — explicou o Nazareno —, o Evangelho é portador de gigantesca transformação do mundo. Destina-se à redenção das massas anônimas e sofredoras. Reformará o caminho dos povos.

— Um movimento revolucionário! — acentuou Tomé, procurando imprimir mais largo sentido político à definição.

— Sim — acrescentou o Profeta divino —, não deixa de ser...

Entusiasmado, o discípulo recordou a belicosidade da raça, desde os padecimentos no deserto, a capacidade de resistência que assinalava a marcha dos israelitas, a começar de Moisés, e indagou sem rebuços:

— Senhor, confiar-me-ás, porventura, o plano central do empreendimento?

Dirigiu-lhe Jesus significativo olhar e observou:

— Amanhã, muito cedo, iremos ambos ao monte, marginando as águas. Teremos talvez mais tempo para explicações necessárias.

Intrigado, o Apóstolo aguardou o dia seguinte e, buscando ansioso a companhia do Senhor, muito antes do Sol nascente, em casa de Simão Pedro, com surpresa encontrou-o à espera dele, a fim de jornadearem sem detença.

Não deram muitos passos e encontraram pobre pescador embriagado a estirar-se na via pública. O Messias parou e acercou-se do mísero, socorrendo-o.

— Que é isto? — clamou Tomé enfadado. — Este velho diabo é Jonas, borracho renitente. Para que ajudá-lo? Amanhã, estará deitado aqui às mesmas horas e nas mesmas condições.

O Companheiro Celeste, todavia, não lhe aceitou o conselho e redarguiu:

— Não te sinto acertado nas alegações. Ignoras o princípio da experiência de Jonas. Não sabes por que fraqueza se rendeu ele ao vício. É enfermo do espírito, em estado grave; seus sofrimentos se agravam à medida que mergulha no lamaçal. Realmente, vive reincidindo na falta. Entretanto, não consideras razoável que o serviço de socorro exige também o ato de começar?

O aprendiz não respondeu, limitando-se a cooperar na condução do bêbedo para lugar seguro, onde caridoso amigo se dispôs a fornecer-lhe lume e pão.

Retomavam a caminhada, quando pobre mulher, a toda pressa, veio implorar ao Messias lhe visitasse a filhinha, em febre alta.

Acompanhado pelo discípulo, o Salvador orou, ao lado da pequenina confiante, abençoou-a e restituiu-lhe a tranquilidade ao corpo.

Iam saindo de Cafarnaum, mas foram abordados por três senhoras de aspecto humilde que desejavam instruções da Boa Nova para os filhinhos. O Cristo não se fez rogado. Prestou esclarecimentos simples e concisos.

Ainda não havia concluído aquele curso rápido de Evangelho, e Jafé, o cortador de madeira, veio resfolegante suplicar-lhe a presença no lar, porque um filho estava morto e a mulher enlouquecera.

O Emissário de Deus seguiu-o sem pestanejar, à frente de Tomé, silencioso. Reconfortou a mãezinha desvairada, devolvendo-a ao equilíbrio e ensinou à casa perturbada que a morte, no fundo, era a vitória da vida.

O serviço da manhã absorvera-lhes o tempo e, assim que se puseram a caminho, em definitivo, eis que uma anciã semiparalítica pede o amparo do Amigo celestial. Trazia a perna horrivelmente ulcerada e dispunha apenas de uma das mãos.

O Messias acolhe-a bondoso. Solicita o concurso do Apóstolo e condu-la a sítio vizinho, onde lhe lava as feridas e deixa-a convenientemente asilada.

Prosseguindo viagem para o monte, Mestre e discípulo foram constrangidos a atender mais de cinquenta casos difíceis, lenindo o sofrimento, semeando o bom ânimo, suprimindo a ignorância e espalhando lições de esperança e iluminação. Sempre rodeados de cegos e loucos, leprosos e aleijados, doentes e aflitos, mal tiveram tempo de fazer ligeiro repasto de pão e legumes.

Quando atingiram o objetivo, anoitecera de todo. Estrelas brilhavam distantes. Achavam-se exaustos.

Tomé, que mostrava os pés sangrentos, enxugou o suor copioso e rendeu graças a Deus pela possibilidade de algum descanso. A fadiga, porém, não lhe subtraíra a curiosidade. Erguendo para o Cristo olhar indagador, inquiriu:

— Senhor, dar-me-ás agora a chave da conspiração libertadora?

O Divino Interpelado esclareceu, sem vacilações:

— Tomé, os homens deviam entediar-se de revoltas e guerras que conheçam de fora, espalhando ruína e ódio, crueldade e desespero. Nossa iniciativa redentora verifica-se de dentro para fora. Já nos achamos em plena revolução evangélica e o dia de hoje, com os abençoados deveres que nos trouxe, representa segura resposta à indagação que formulaste. Enquanto houver preponderância do mal, a traduzir-se em aflições e trevas, no caminho dos homens, combateremos em favor do triunfo supremo do bem.

E ante o discípulo desapontado, concluiu:

— A ordem para nós não é de matar para renovar, mas sim de servir para melhorar e elevar sempre.

Tomé passou a refletir maduramente e nada mais perguntou.

[Irmão X, *Luz Acima.*]

3.12

Natal simbólico

Harmonias cariciosas atravessavam a paisagem, quando o lúcido mensageiro continuou:

— Cada Espírito é um mundo onde o Cristo deve nascer...

Fora loucura esperar a reforma do mundo, sem o homem reformado. Jamais conheceremos povos cristãos, sem edificarmos a alma cristã...

***

Eis por que o Natal do Senhor se reveste de profunda importância para cada um de nós em particular.

Temos conosco oceanos de bênçãos divinas, maravilhosos continentes de possibilidades, florestas de sentimentos por educar, desertos de ignorância por corrigir, inumeráveis tribos de pensamentos que nos povoam a infinita extensão do mundo interior. De quando em quando, tempestades renovadoras varrem-nos o íntimo, furacões implacáveis atingem nossos ídolos mentirosos.

***

Quantas vezes o interesse egoístico foi o nosso perverso inspirador?

Examinando a movimentação de nossas ideias próprias, verificamos que todo princípio nobre serviu de precursor ao conhecimento inicial do Cristo.

***

Verificou-se a vinda de Jesus numa época de recenseamento.

Alcançamos a transformação essencial justamente em fase de contas espirituais com a nossa própria consciência, seja pela dor ou pela madureza de raciocínio.

***

Não havia lugar para o Senhor.

Nunca possuímos espaço mental para a inspiração divina, absorvidos de ansiedades do coração ou limitados pela ignorância.

***

A única estalagem ao Hóspede Sublime foi a manjedoura.

Não oferecemos ao pensamento evangélico senão algumas palhas misérrimas de nossa boa vontade, no lugar mais escuro de nossa mente.

***

Surge o Infante celestial dentro da noite.

Quase sempre, não sentimos a Bondade do Senhor senão no ápice das sombras de nossas inquietações e falências.

***

A estrela prodigiosa rompe as trevas no grande silêncio.

Quando o gérmen do Cristo desponta em nossas almas, a estrela da divina esperança desafia nossas trevas interiores, obscurecendo o passado, clareando o presente e indicando o porvir.

***

Animais em bando são as primeiras visitas ao Enviado celeste.

Na soledade de nossa transformação moral, em face da alvorada nova, os sentimentos animalizados de nosso ser são os primeiros a defrontar o ideal do Mestre.

***

Chegam pastores que se envolvem na intensa luz dos anjos que velam o berço divino.

Nossos pensamentos mais simples e mais puros aproximam-se da ideia nova, contagiando-se da claridade sublime, oriunda dos gênios superiores que nos presidem aos destinos e que se acercam de nós, afugentando a incompreensão e o temor.

***

Cantam milícias celestiais.

No instante de nossa renovação em Cristo, velhos companheiros nossos, já redimidos, exultam de contentamento na esfera superior, dando glória a Deus e bendizendo os Espíritos de boa vontade.

***

Divulgam os pastores a notícia maravilhosa.

Nossos pensamentos, felicitados pelo impulso criador de Jesus, comunicam-se entre si, organizando-se para a vida nova.

***

Surge a visita inesperada dos magos.

Sentindo-nos a modificação, o mundo observa-nos de modo especial.

***

Os servos fiéis, como Simeão, expressam grande júbilo, mas revelam apreensões justas, declarando que o Menino surgira para a queda e elevação de muitos em Israel.

Acalentamos o pensamento renovador, no recesso da alma, para a destruição de nossos ídolos de barro e desenvolvimento dos germens de espiritualidade superior.

***

Ferido na vaidade e na ambição, Herodes determina a morte do Pequenino Emissário.

A ignorância que nos governa, desde muitos milênios, trabalha contra a ideia redentora, movimentando todas as possibilidades ao seu alcance.

***

Conserva-se Jesus na casa simples de Nazaré.

Nunca poderemos fornecer testemunho à Humanidade, antes de fazê-lo junto aos nossos, elevando o espírito do grupo a que Deus nos conduziu.

***

Trabalha o Pequeno Embaixador numa carpintaria.

Em toda realização superior, não poderemos desdenhar o esforço próprio.

***

Mais tarde, o Celeste Menino surpreende os velhos doutores.

O pensamento cristão entra em choque, desde cedo, com todas as nossas antigas convenções relativas à riqueza e à pobreza, ao prazer e ao sofrimento, à obediência e à mordomia, à filosofia e à instrução, à fé e à ciência.

Trava-se, então, dentro de nosso mundo individual, a grande batalha.

***

A essa altura, o mensageiro fez longa pausa.

Flores de luz choviam de mais alto, como alegrias do Natal, banhando-nos a fronte. Os demais companheiros e eu aguardávamos, ansiosos, a continuação da mensagem sublime; entretanto, o missionário generoso sorriu paternalmente e rematou:

— Aqui termino minhas humildes lembranças do Natal simbólico. Segundo observais, o Evangelho de Nosso Senhor não é livro para os museus, mas roteiro palpitante da vida.

[Irmão X, *Pontos e contos*.]

3.13

Bilhete a Jesus

Senhor Jesus, enquanto a alegria do Natal acende luzes novas nos lares festivos, torno à velha Palestina, revendo, com os olhos da imaginação, a paisagem de tua vinda...

Roma estendia fronteiras no Nilo, no Eufrates, no Reno, no Tâmisa, no Danúbio, no Mar Morto, no Lago de Genesaré, nas areias do Saara. César "sossegava e protegia" os habitantes das zonas mais remotas, aliciando a simpatia dos príncipes regionais. Todos os deuses indígenas cediam a Júpiter, o dono do Olimpo, de que as águias dominadoras se faziam emissárias, tremulando no topo das galeras, cheias de senhoras e de escravos.

Lembras-te, Senhor, de que se fazia grande estatística, por ordem de Augusto, o Divino? Otávio, cercado de assessores inteligentes, intensificava a centralização no mundo romano, reorganizando a administração na esfera dos serviços públicos. As circunscrições censitárias na Judeia enchiam-se de funcionários exigentes. Cadastravam-se famílias, propriedades, indústrias. E José e Maria também se locomoveram, com os demais, para atender às determinações. A sensibilidade israelita poderia manter-se à distância do culto de César, resistindo ao incenso com que se marcava a passagem dos triunfadores, em púrpura sanguinolenta, mas a experiência judaica, estruturada em suor e lágrimas, não se esquivaria à obediência, perante os regulamentos políticos. As estalagens, no entanto, estavam repletas e não conseguiram lugar.

Por essa razão, a estrela gloriosa que te assinalou a chegada não brilhou sobre templos ou residências de relevo. Apenas a manjedoura singela te ofereceu conforto e guarida. Homens e mulheres faziam estatísticas minuciosas de haveres e interesses. Se o governo imperial decretava o recenseamento para reajustar observações e tributos, os governados da província alinhavam medidas, imprimindo modificações aos quadros da vida comum, para se subtraírem, de alguma sorte, às exigências. Permutavam-se cabras e camelos, terras e casas, reduzidos parques agrícolas e pequenas indústrias.

Haveria espaço mental para a meditação nas profecias? Para cumprir o dever religioso, não bastava comparecer ao Templo de Jerusalém, nos dias solenes, oferecer os sacrifícios prescritos e prosternar-se ante a oferenda sagrada, ao ressoar das trombetas? Razoável, portanto, seria examinar os melhores recursos para burlar as requisições do romano dominador. A fração do povo eleito, que se aglomerava na cidade de Davi, lia os textos, recitava os salmos e tomava apressado conselho aos livros da sabedoria; entretanto, não considerava pecado matar o tempo em disputas e conversações infindáveis ou enganar o próximo com a elegância possível.

Por essa razão, Senhor, quem gastaria alguns minutos advogando proteção para Maria e José? Eles traziam a sinceridade dos que andam contigo, falavam de visitas dos anjos, de vozes do Céu, e o mundo palestinense estava absorvido no apego fanático aos bens imediatos. Comentava-se, apaixonadamente, as listas e informações alusivas a rebanhos e fazendas. Às narrações do sonho de José ou da experiência de Zacarias, prefeririam noticiário referente à produção de farinha ou ao rendimento de pomares...

Todavia, para entregar à Humanidade a divina mensagem de que te fizeste o Depositário Fiel, não te feriste ao choque da indiferença. Começaste assim mesmo, na manjedoura humilde, o apostolado de bênçãos eternas. O Evangelho iniciou a primeira página viva da Revelação Nova na estrebaria singela. A Natureza foi o primeiro marco de tua batalha multissecular da luz contra as trevas.

E enquanto prossegues, conquistando, palmo a palmo, o espírito do mundo, os homens continuam fazendo estatísticas inumeráveis.

Aos censos de Otávio seguiram-se os de Tibério; aos de Tibério sucederam-se arrolamentos de outros dominadores. Depois do poderio romano fragmentado, outras organizações autoritárias não menos tirânicas apareceram. Dilataram-se os serviços censitários em toda parte.

As nações modernas não fazem outra coisa além da extensão do poder, melhorando os gráficos que lhes dizem respeito.

Inventariavam-se na antiga Judeia ovelhas e jumentos, camelos e bois. Hoje, porém, Jesus, o arrolamento é muito mais importante. Com o aperfeiçoamento da guerra, o censo é vital nas decisões administrativas. Antes da carnificina, arregimentam-se estatísticas de canhões, tanques e navios, aviões, metralhadoras e fuzis. Enumeram-se homens por cabeça, no serviço preparatório dos massacres, e, em seguida, anotam-se feridos e mutilados. Isso, nas vanguardas de sangue, porque, na retaguarda, o inventário dos grandes e pequenos negócios é talvez mais ativo. Há corridas de armamentos e bancos, valorização e desvalorização de bens móveis e imóveis, câmbio claro e câmbio escuro, concorrência leal e desleal, mercado honesto e clandestino, tudo de acordo com as estatísticas prévias que autorizam providências administrativas que regem o mecanismo da troca.

Nós sabemos que não condenas o ato de contar. Aconselhaste-nos nesse sentido, recomendando que ninguém deve abalançar-se a qualquer construção, antes de contas rigorosas, a fim de que a obra não permaneça inacabada. Entretanto, estamos entediados de tanto recenseamento para a morte, porque, em verdade, nunca esteve a casa dos homens tão rica e tão pobre, tão faiscante de esplendores e tão mergulhada nas trevas, tão venturosa e tão infeliz quanto agora.

Desejávamos, Mestre, arrolar as edificações da fé, os serviços da esperança, os valores da caridade, contudo, somos ainda muito poucos no setor de interesse pelos sonhos reveladores e pelas vozes do Céu. Apesar disso, sabemos que os homens, fanatizados pela estatística das formas perecíveis, examinam os gráficos, de olhos preocupados, movimentando-se entre tabelas e números, mas erguem corações ao alto, amargurados e tristes, torturados pela sede de infinito...

Quem sabe, Senhor, poderias voltar, consolidando a tua glória, como o fizeste há quase vinte séculos? Entretanto, não nos atrevemos ao convite direto. As estalagens do mundo estão ainda repletas de gente negociando bens transitórios e melhorando o inventário das posses exteriores. Os governos estão empenhados em orçamentos e tributos. Os crentes pousam olhos apressados em teu Evangelho de Redenção e repetem fórmulas verbais, como os judeus de outro tempo, que mastigavam a lei sem digeri-la. Quase certo que não encontrarias lugar entre as criaturas. E não desejamos que regresses de novo para nascer num estábulo, trabalhar à beira das águas, ministrar a revelação em casas e barcos de empréstimo e morrer flagelado na cruz. Trabalharemos para que a tua glória brilhe entre os homens, para que a tua luz se faça nas consciências, porque, em verdade, Senhor, que adiantaria o teu retorno se a estatística das coisas santas não nos oferece a menor garantia de vitória próxima? Como insistir pela tua volta pessoal e direta se na esfera dos homens ainda não existe lugar onde possas nascer, trabalhar e morrer?

[Irmão X, *Luz Acima*.]

3.14

Um Natal de verdade

A presença do rico automóvel diante da residência humilde, acontecimento inusitado naquela vila paupérrima e distante, despertou intensa curiosidade. Rostos surgiram nas janelas. Muita gente olhando de longe...

Desceram Gumercindo e Maria do Carmo, casal de meia idade, muito rico. Esquálida mulher os atendeu, rodeada por três crianças tímidas grudadas em sua saia. No colo materno chorava um bebê, lamento ardido de fome... Logo apareceu o marido, figura lastimável, barba por fazer, olhar assustado. O visitante quebrou o gelo:

— Estamos aqui em tarefa de amizade. Temos recebido incontáveis bênçãos de Deus, negócios prósperos, filhos saudáveis, casa ampla e confortável, muita fartura. No entanto, eu e minha esposa não nos sentimos plenamente felizes... O que nos sobra falta em muitos lares. O ouro amoedado traz facilidades, mas pesa em nosso coração. Decidimos, por isso, ir ao encontro de nossos irmãos...

— Pois é — completa Maria do Carmo. — Gostaríamos de saber como vivem, suas dificuldades e problemas. Como poderemos ajudá-los. Iniciaremos nosso entendimento neste Natal, oferecendo-lhes brinquedos, roupas e alimentos, em nome de Jesus...

— Tenho certeza de que foi Ele quem os inspirou — interrompe, emocionado, o dono da casa. — Nossa situação é desesperadora. Estou desempregado há seis meses... Já não temos recursos nem para o alimento. A luz foi desligada por falta de pagamento... Minha esposa está doente. As crianças cobram-me o presente, indagando por que Papai Noel não visita gente pobre. Eu decidira que a situação iria mudar, por bem ou por mal. Planejara assaltar abastada mansão. Enfrentaria a polícia, mataria se preciso, mas não regressaria ao lar de mãos vazias... No entanto, não sou criminoso. Tenho uma existência toda de trabalho honesto, cultivando respeito às leis... Os senhores salvaram-me de um pesadelo...

Sufocado pela emoção, derramando-se em lágrimas, o operário ajoelhou-se e beijou as mãos de seus benfeitores, sem que estes pudessem evitar o gesto extremo de humildade e reconhecimento.

Após alguns minutos de entendimento fraterno, Gumercindo e Maria do Carmo entregaram os presentes e partiram, levando a certeza de que aquela família teria um Natal feliz. Felicidade maior ia em seus corações. Haviam descoberto a insuperável alegria de ajudar...

***

A violência e o crime são desvios lamentáveis que se oferecem àqueles que transitam pelos caminhos da miséria e do infortúnio. A própria sociedade contribui para tão desastrosas opções ao ignorar a existência desses infelizes.

Quando nos dispusermos a superar as barreiras da indiferença, do comodismo e do apego aos bens transitórios, oferecendo amparo e orientação aos irmãos em dificuldade, a mensagem do Natal começará a ser observada, favorecendo a erradicação do Mal.

[Richard Simonetti. *Reformador*, dez. 1984.]

3.15

O Natal que Jesus espera

— Ah!... Sim... O Bem... Naturalmente o Bem é ser bom...

O malvado insistiu:

— Mas o que é ser bom?

— Ser bom... Ora, ser bom é praticar o Bem!

— Risível, sem dúvida, mas uma situação que pode ocorrer com qualquer pessoa.

Você mesmo, leitor amigo, sem pretender questionar sua sapiência, saberia definir de pronto o que é o Bem?

Interrompa por alguns momentos a leitura.

Pense um pouco.

O que é o Bem?

***

Confiramos com o "*Aurelião*":

"Qualidade atribuída a ações e a obras humanas que lhes confere um caráter moral."

Talvez seja prudente, para uma melhor compreensão, recorrer novamente àquele dicionário a respeito da palavra moral:

"Conjunto de regras de conduta consideradas como válidas, quer de modo absoluto para qualquer tempo ou lugar, quer para grupo ou pessoa determinada."

Então o Bem, no sentido relativo, seria a vontade do homem, expressa nas regras que institui, de caráter transitório e circunscrito.

No sentido absoluto, seria a Vontade de Deus, contida em regras de caráter imutável e universal.

***

Qual seria a vontade de Deus?

Aí entra Jesus.

Se o aceitamos como um mensageiro divino, devemos admitir que sua mensagem exprime os desígnios divinos.

O Bem, portanto, está inserido na mensagem cristã, que por sua vez pode ser sintetizada em poucas palavras, contidas no capítulo 7 das anotações de Mateus:

"Tudo o que quiserdes que os homens vos façam, fazei-o assim também a eles."

***

Esperamos sempre pelo Natal como uma pausa de esperança e paz, em meio às atribulações da Terra.

Jesus espera um Natal diferente:

O nascimento do Bem em nosso coração, quando nos dispusermos a cumprir a vontade do Céu.

[Richard Simonetti. *Reformador*, dez. 1993.]

3.16

Natal

Por um processo ainda não bem compreendido, as experiências humanas gravam-se na Consciência, prodigioso arquivo, acumulando impressões que poderão esmaecer, em face das limitações do veículo físico, mas que, tendo seu ponto de fixação real na alma, jamais se apagarão.

A soma desses registros forma a biografia do Espírito, patrimônio inalienável, cujo início se perde no passado distante, e que lhe será confiado à medida que superar suas próprias deficiências.

Na história dos Espíritos encarnados e desencarnados que compõem a Humanidade há uma característica comum: a presença de Jesus.

Ontem ou há milhares de anos, ouvimos falar do Mestre inesquecível e, nos círculos de aprendizado situados no plano espiritual, fomos informados sobre a sua condição de Ministro do Eterno junto às coletividades que evoluem na Terra.

Sua figura augusta permanece indelevelmente gravada em nosso íntimo e, ainda que não o reconheçamos conscientemente, Ele é a grande inspiração de nossas vidas.

Polo magnético de nossas almas, Jesus representa a meta que devemos alcançar, atraindo-nos mansamente para Deus.

Por isso, embora desvirtuado pela comercialização e pelo lamentável culto ao estômago, nas festanças ruidosas, jamais o Natal perderá o seu significado transcendente, e apenas os que trazem o coração endurecido pela rebeldia sistemática, comprometidos nos enganos do mundo, não ouvem na acústica da alma o repicar festivo dos Sinos de Belém, em notas de elevada espiritualidade, inefável alegria e confortadora esperança.

Falam de uma mensagem divina, cantada com a poesia do Sublime, a harmonia da Perfeição e o alcance da Verdade, mas, sobretudo, com a atração irresistível do Exemplo!

Carta viva de Deus, Jesus transmitiu nas ações de todos os momentos a Grande Mensagem, e em sua vida, mais que em seus ensinamentos, ela está presente.

Estende as mãos a infelizes leprosos que lhe imploram compaixão, restituindo-lhes a saúde...

Responde com palavras de compreensão à mulher samaritana que, inspirada em rancores raciais, se admira da solicitação de água que Ele lhe fizera, e a induz a pensar em Deus...

Recebe o centurião romano que lhe pede a cura do servo enfermo e, alheio ao ódio separatista, atende à rogativa...

Socorre obsidiados violentos de quem o povo tinha pavor, e afasta, com simples palavras, perseguidores invisíveis...

Convive sem constrangimento com pessoas de má vida, considerando que os sãos não necessitam de médico, e, conquistando-lhes a confiança, fortalece-lhes o caráter...

Atende a necessidades do corpo e do Espírito, multiplica pães e bênçãos...

Ressuscita mortos e consola aflitos...

E quando os poderes infernais, mancomunados com a ignorância humana, tentam envolvê-lo nas trevas, brilha ainda mais a sua Luz, em clarão inextinguível que iluminaria todos os caminhos do porvir.

Reconhece um traidor no próprio círculo íntimo de amizade e edificação, e não o repudia...

Prevê a deserção dos componentes do colégio apostólico e, ainda assim, distribui-lhes pão e vinho, exortando-os ao Bem...

Observa, na angústia do Calvário, a indiferença e a covardia daqueles a quem beneficiara, mas segue adiante, sem críticas ou queixas...

Pregado na cruz infamante, em extrema humilhação, contempla a multidão leviana e fria, e, sem cogitar de represálias celestes, pede ao Pai perdão para todos...

Diante dos discípulos perplexos e envergonhados, na Ressurreição gloriosa, ignora o passado, pensando no futuro, e, após desejar-lhes Paz, convoca-os novamente ao serviço...

Músico Divino, o meigo Rabi da Galileia gravou na pauta da própria vida a Sinfonia do Amor, lei suprema de Deus!...

Porque somente o amor...

• sabe tocar as chagas alheias sem repugnância, limpando-as...

• se coloca acima das ofensas, renovando o ofensor...

• ignora o preconceito, aproximando-se dos que ele separa...

• pode sensibilizar obsessores e libertar obsidiados...

• se recusa a repudiar o pecador para eliminar o pecado, convertendo-o à virtude com os dotes da bondade e do esclarecimento...

• possui entusiasmo e dedicação suficientes para obter recursos que atendam à indigência material e espiritual...

• é suficientemente poderoso para vencer a morte e suficientemente terno para acalmar a aflição...

• perdoa sem condições, persevera sem dúvidas, luta sem cansaços, socorre sem exigência...

• dignifica verdadeiramente a criatura humana, transformando a dor em renovação e o sacrifício em glória...

Somente o amor, vivido em sua plenitude, pôde...

• fazer de Jesus, mais que simples taumaturgo, o Santo dos Santos; mais que simples mestre, o Condutor de almas; mais que simples embaixador, o Filho de Deus!

• envolver a Manjedoura de magnetismo tão profundo e contagiante que ela atravessou os séculos, tornando-se o símbolo eterno da Redenção Humana!

[Richard Simonetti, *Para viver a grande mensagem*.]

3.17

O Cristo-Jesus

Os cristãos comemoram, em dezembro, com a maior emoção, o nascimento de Jesus de Nazaré.

Acontecimento da maior importância, o nascimento de Jesus marca efetivamente uma nova etapa na vida humana em nosso mundo, assinalando o advento providencial da mais elevada moral, da mais espiritualizada filosofia e da mais pura religião que a Terra já conheceu, tendo sido um marco entre dois mundos, o antigo e pagão, e o novo e cristão, e exercendo tão grande influência nos destinos da Humanidade que alguns historiadores dividiram a História da Civilização em dois grandes períodos: o primeiro, partindo de tempos imemoriais e terminando na época do nascimento do Cristo; e o segundo, começando nessa época e vindo até os nossos dias.

Em dezembro, todos os espíritos estão em festa, todos os corações em júbilo pelo anunciado nascimento do Salvador do mundo.

Todos, neste tempo, tributam, ao seu modo, de acordo com o culto externo da sua religião, a sua justa, sincera e merecida homenagem ao Grande Espírito que veio ministrar-nos os ensinos divinos de amor e verdade, de justiça e bondade, de caridade e misericórdia, ao Divino Redentor das nossas almas, ao maior e mais poderoso Rei, que o mundo ainda não conhece, porém, que um dia conhecerá certamente: — o reino da paz, da fraternidade e do amor.

O reino ideal de Jesus Cristo é ainda invisível. Somente poderá tornar-se visível quando os homens conhecerem, sentirem e praticarem os preceitos cristãos. É o reino feliz do amor e da caridade. O seu trono será um dia edificado no coração do homem que viva verdadeiramente os Evangelhos santos e eternos desse divino e amado Senhor.

E para deleite dos nossos inteligentes leitores reproduzirei em seguida um velho e lindo soneto do meu querido amigo e talentoso poeta João Barreto de Menezes. Ei-lo:

JESUS

Seja o templo qual for, diversa a crença,
Um laço ignoto prende a Humanidade...
Por mais que se mutile a liberdade,
Mais brilha e surge com pujança imensa.

O direito, a razão não há quem vença,
Por mais que o crime aos déspotas agrade,

O homem tem horror à iniquidade,
E o homem luta, porque o homem pensa.

Um galho em prol da lei faz-se floresta...
Esmagado um princípio o homem protesta
E o protesto relâmpagos produz.

Há nos templos esperanças e mistérios...
É que toda a riqueza dos impérios
Não vale uma sandália de Jesus.

Glória ao nosso Divino Mestre e Senhor que nos ensinou o caminho da Salvação!

[Djalma Farias. *Reformador*, dez. 1947.]

3.18

O Natal de Jesus

> *"Um dia, Deus, em sua inesgotável caridade, permitiu que o homem visse a verdade varar as trevas. Esse dia foi o do advento do Cristo."*
>
> FÉNELON (Poitiers, 1861.)

O pensamento em epígrafe faz parte de mensagem inserta às pp. 63 e 64 de *O Evangelho segundo o Espiritismo*, 82ª ed. FEB (popular). Resume tudo o que se poderia dizer sobre a significação altíssima do nascimento de Jesus neste mundo e, como ilação lógica e imediata, nos leva a considerar a grandeza e excelsitude da missão que Ele veio desempenhar — trazer a verdade, como luz do Céu, para iluminar a Terra, isto é, a Humanidade terráquea.

Ao influxo dessa simples palavra — *Natal* — e ao ensejo das comemorações que ela inspira, os homens se deixam empolgar por sentimentos fraternos, expressos em manifestações de cordial amizade, tal a influência da vida que ela evoca, cheia de ensinos e de exemplos do mais sublimado amor à Humanidade. Sente-se que os homens fazem uma pausa na corrida desenfreada de lutas e ambições egoísticas e, como por um toque misterioso, tornam-se momentaneamente mais fraternos, trocando-se reciprocamente testemunhos de amizade e até de verdadeiro amor. Antes mesmo, já nos dias que precedem as comemorações do grande evento, sente-se a atmosfera diferente. Por toda parte um ar mais leve, um céu mais límpido, e soam hinos que lembram Jesus. Também os sinos das igrejas tocam com acentos que penetram mais fundo nas almas religiosas, e mesmo as casas comerciais participam desse movimento de amor, ainda que servindo aos próprios interesses, com propagandas que evocam o Divino Enviado e a sua missão, destinada a guiar os homens na conquista do bem maior, da felicidade real, dos tesouros eternos. Mesmo as nações em guerra propõem-se fazer uma trégua nesse dia dedicado à rememoração da descida do Enviado do Pai à Terra.

Ó Mestre da Humanidade, tudo é tocante na evocação do teu aparecimento entre os homens, e nos comove até as profundezas mais recônditas de nosso ser moral! Por isso, em testemunho do amor que te devotamos hoje — quando, arrependidos dos atos que outrora praticamos, contrários aos teus abnegados esforços por salvar-nos, estamos agora empenhados em servir-te, como obreiros da tua seara santa —, apraz-nos rememorar aqueles momentos enternecedores, através da História, como contam os Evangelhos, enlevando-nos com as narrativas simples, mas verdadeiras — como convictamente cremos —, que evocam, para nosso encantamento, todas as coisas que, então, se passaram.

É no terceiro Evangelho (entre os sinóticos) que vamos colher preciosos informes para estas rememorações. Lucas, o seu inspirado autor, foi discípulo de São Paulo e o acompanhou em várias de suas viagens missionárias, tendo colhido dos próprios lábios de Maria o que, depois, narrou a respeito do nascimento de Jesus. Não tendo conhecido pessoalmente o Mestre, foi um dos primeiros conversos vindos do paganismo e procurou colher o que expôs em seu Evangelho naqueles mesmos que conviveram com o Mestre, como ele próprio o declara no *Prefácio* à sua obra, que textualmente reproduzimos:

"*1 Tendo, pois, muitos empreendido pôr em ordem a narração das coisas que entre nós se cumpriram,*

2 segundo nos transmitiram os mesmos que as viram desde o princípio, e foram ministros da palavra,

3 pareceu-me também a mim conveniente escrevê-las a ti, ó excelente Teófilo, por sua ordem, havendo-me já informado minuciosamente desde o princípio; (Os destaques são nossos.)

4 para que conheças a certeza das coisas de que já estás informado."

É, portanto, no texto mesmo de um documento que não podemos deixar de considerar autêntico, como repositório que é das lições do Cristo e deve ter sido escrito sob a assistência e inspiração dos Espíritos prepostos à sua propagação, que vamos colher informações primeiro sobre o anúncio do nascimento e, depois, sobre o próprio nascimento de Jesus. De fato, em seguida ao *Anúncio do nascimento de João*, em que é narrado o episódio ocorrido com Zacarias, cuja mulher, Isabel, considerada estéril, foi contemplada com a graça e o poder de Deus, concebendo em plena velhice e dando à luz um filho, que veio a ser exatamente o precursor do Mestre, ali se encontra textualmente o seguinte:

"Anúncio do nascimento de Jesus

26 *E, no sexto mês, foi o anjo Gabriel enviado por Deus a uma cidade da Galileia, chamada Nazaré,*

27 *a uma virgem desposada com um varão, cujo nome era José, da casa de Davi, e o nome da virgem era Maria.*

28 *E, entrando o anjo onde ela estava, disse: Salve, agraciada; o Senhor é contigo: bendita tu entre as mulheres.*

29 *E, vendo-o ela, turbou-se muito das suas palavras, e considerava que saudação seria esta.*

30 *Disse-lhe então o anjo: Maria, não temas, porque achaste graça diante de Deus;*

31 *E eis que em teu ventre conceberás, e darás à luz um filho, e por-lhe-ás o nome de Jesus.*

32 *Este será grande, e será chamado filho do Altíssimo; e o Senhor Deus lhe dará o trono de Davi, seu pai;*

33 *e reinará eternamente na casa de Jacó, e o seu reino não terá fim.*

34 *E disse Maria ao anjo: Como se fará isto, pois não conheço varão?*

35 *E, respondendo o anjo, disse-lhe: Descerá sobre ti o Espírito Santo, e a virtude do Altíssimo te cobrirá com a sua sombra; pelo*

que também o Santo, que de ti há de nascer, será chamado Filho de Deus.

36 *E eis que também Isabel, tua prima, concebeu um filho em sua velhice; e é este o sexto mês para aquela que era chamada estéril,*

37 *Porque para Deus nada será impossível.*

38 *Disse então Maria: Eis aqui a serva do Senhor; cumpra-se em mim segundo a tua palavra. E o anjo ausentou-se dela."*

Eis, irmãos que nos ledes, a límpida narrativa de Lucas, que obriga a reflexões sérias em busca do seu sentido profundo e transcendente. Serão as coisas aí narradas simples lendas? Ou serão verdades que encerram ensinamentos a respeito dos quais só poderiam os homens apanhar o verdadeiro sentido após o advento do Consolador prometido por Jesus aos homens, e que é o Espiritismo, a Doutrina Espírita, codificada pelo missionário Allan Kardec, sob a égide do Espírito da Verdade? Muito menos possível é que representem farsas os fatos ali narrados, com tão grande força de convicção, na sua encantadora simplicidade e clareza. Todo o nosso ser freme à simples ideia de que o discípulo de São Paulo, a quem este confiou historiar os fatos da vida de Jesus, para informação segura à posteridade, tivesse falseado informes de tanta responsabilidade e determinantes da atitude mental a ser assumida pelos homens relativamente à verdadeira natureza do Cristo e à excepcional grandeza da sua missão de Mestre da Humanidade.

Não, ali não há lendas ou inverdades, porém verdades transcendentes, que só agora os homens podem compreender, com o auxílio das luzes que o Espiritismo trouxe, o que devemos inegavelmente ao insigne missionário lionês — Allan Kardec. Kardec não se extremou em todas as consequências que defluem dos ensinos recebidos. Não importa; o que ele nos legou tem as dimensões da imensidade, e a base que construiu é inamovível e granítica, podendo suportar sem o menor abalo todo o peso de ulteriores desenvolvimentos, que virão sempre não como acréscimos, mas como consequências lógicas e naturais, verdadeiras extensões dos seus básicos princípios.

Voltando, após esta digressão, ao Evangelho de Lucas, o fato é que se encontram ali narrativas que conferem a Jesus excepcional grandeza e um nascimento inteiramente fora das leis que regem neste mundo os nascimentos comuns dos homens. Todavia, com os ensinos do Espiritismo, estão agora os homens capacitados para compreender perfeitamente toda esse excepcionalidade.

Importa ainda considerar que as narrativas de Lucas — para quem tenha o coração desarmado, inteiramente livre de paixão — são totalmente confirmadas por Mateus, no primeiro Evangelho. Os fatos se confirmam e as narrativas se completam, o que constitui uma prova a mais da legitimidade e autenticidade de ambos os textos e da superior inspiração a que ambos os evangelistas estiveram submetidos ao escreverem-nos. Lê-se em Mateus:

"O nascimento de Jesus Cristo

18 Ora, o nascimento de Jesus Cristo foi assim: Estando Maria, sua mãe, desposada com José, antes de se ajuntarem, achou-se grávida do Espírito Santo.

19 Então José, seu marido, como era justo e a não queria infamar, intentou deixá-la secretamente.

20 E, projetando ele isto, eis que num sonho lhe apareceu um anjo do Senhor, dizendo: José, filho de Davi, não temas receber a Maria tua mulher, porque o que nela está gerado é do Espírito Santo;

21 E dará à luz um filho e chamarás o seu nome Jesus; porque ele salvará o seu povo dos seus pecados.

22 Tudo isto aconteceu para que se cumprisse o que foi dito da parte do Senhor, pelo profeta, que diz:

23 Eis que a virgem conceberá e dará à luz um filho, e chamá-lo-ão pelo nome Emanuel, que traduzido é: Deus conosco.

24 E José, despertando do sonho, fez como o anjo lhe ordenara, e recebeu a sua mulher;

25 e não a conheceu até que deu à luz o seu filho, o primogênito; e pôs-lhe por nome Jesus."

Eis o que os textos evangélicos contêm. Para que foram eles escritos? Com que fim chegaram até nós? Como não se perderam e vieram íntegros às nossas mãos? É que à sua elaboração presidiu o próprio Espírito do Cristo, por si ou por seus prepostos. Tudo ali é verdadeiro, embora algumas verdades estejam veladas, à espera de que os homens evoluam bastante para as poderem compreender.

Não procuraremos aqui tentar explicá-las à luz da Terceira Revelação.

O nosso objetivo neste momento é outro: unicamente lembrar o Mestre, que se sacrificou por nós, descendo a este mundo, e do Alto continua a enviar-nos a sua inspiração; por uns aceita, por outros, em parte, repelida. Quais os que a aceitam? Quais os que a repelem, em parte? Não nos incumbe fazer este julgamento. Cada um julgará por si mesmo no seu foro íntimo e com as luzes que possua. De uma coisa, porém, estamos absolutamente certos: é de que a última palavra a respeito da verdade sobre a vinda de Jesus e sua missão Ele mesmo a proferiu. Nada poderá sobrepor-se ao que disse de si mesmo e de sua missão o próprio Cristo. [...]

Jesus nasceu neste mundo. Preciso é que nasça agora no coração de cada homem, como nos lembra o preclaro Vinícius em uma de suas inspiradas obras. Que aí germine a semente lançada pelo Mestre, com a sua pregação de amor e seus ensinos de sabedoria e verdade. Mais do que com ágapes e festividades ruidosas, seja lembrado o Cristo em sua doutrina de humildade, perdão e caridade, de renúncia, devotamento e abnegação total.

Por amor ao Cristo, que se sacrificou por nós, não nos lancemos uns contra os outros, por causa de questões que — se bem examinadas — em nada afetam a Doutrina Santa, de que somos os atuais e transitórios depositários.

"Um dia, Deus, em sua inesgotável caridade, permitiu que o homem visse a verdade varar as trevas. Esse dia foi o do advento do Cristo."

Essa verdade continua conosco, ela resplandece como luz no Espiritismo. Somos espíritas e, como tais, discípulos do Mestre, que disse: "Os meus discípulos serão reconhecidos por muito se amarem."

Amemo-nos uns aos outros. Ensarilhemos armas ferinas. Sejamos fraternos. Em nome de e por amor ao Cristo.

[Lauro S. Thiago. *Reformador*, dez. 1981.]

3.19

O pedido de Natal

Aproximava-se o Natal, e o escritor Paulo Setúbal, já pleno de glórias com os livros *Marquesa de Santos, O Príncipe de Nassau, As maluquices do Imperador* e outros, havia um ano, trabalhava em novo romance. Certa manhã, próximo à cama da filha, "tagarelaram com o riso na boca, jovialmente, o coração cheio de sol". Ato contínuo, passou a ler o jornal; eis senão quando a "filhoca", interrompendo-lhe a leitura, manifestou o desejo de pedir um favor. E ele:

— Que favor será esse, Jesus? Vamos lá, filha: diga o que você quer!

A resposta não tardou, em meio aos olhos do pai, regurgitados de assombro:

— Eu queria que papai rasgasse aquele livro que papai está escrevendo.

A garotinha ignorava o conteúdo do trabalho, razão pela qual o genitor, sem entender-lhe o motivo, insistiu:

— Então, minha filha? Então? Por que é que você quer que eu rasgue o livro?

Depois de ouvir ponderações, a menina respondeu:

— Eu quero tanto que vou propor um negócio ao papai... Papai me dá, todos os anos, um presente de Natal, não é? O presente de Natal, papai bem sabe, é o presente de que eu mais gosto na minha vida. Pois bem: neste ano, como presente de Natal, papai vai fazer o que eu pedi.

E ele, ainda esperançoso de ter ouvido mal, arriscou:

— Rasgar o livro?

— Sim, papai... — foi a firme resposta da filha.

Conta Paulo Setúbal, em *Confiteor*, que correu ao escritório, apanhou o maço de originais e as cópias a máquina, retornou ao quarto da filha e ambos picaram em pedacinhos as trezentas páginas do livro!

"Logo a seguir, no canto do meu quintal, uma pequena fogueira devorava o montezinho de papéis rasgados." Então ele viu, jubilosamente, a labareda "subir das laudas em tiras. Vendo-a (que singular é a natureza humana!) fiquei em festa. Radioso. A chama, que rompia alegremente do calhamaço, como que atiçava um fogaréu de contentamento no coração. Estava feliz. Havia ganho um duro combate."

Num distante 25 de dezembro, segundo ele, tivera um Natal feliz. Até a árvore lhe parecera mais bonita do que as dos anos anteriores:

"E tinha bugigangas como nunca teve. Enfeites de prata, e enfeites de ouro, lanterninhas e bolas, e laçarotes de toda a cor. Uma festa."

Relata, a seguir, que as crianças receberam os presentes pedidos; a filha, não houve quem a obrigasse a dizer o que mais queria. Porém Setúbal, além de um mimo dado pela genitora, ofereceu-lhe uma *bonbonnière* "pequenina, de louça barata, coisa à toa." Isso causou júbilo à guria; no entanto, ela emocionou-se sobremaneira quando, ao tirar o papel de seda e abrir o presente, topou com "um desenxabido punhado de cinza!"

Setúbal termina o relato dizendo que a filha compreendeu imediatamente; olhou-o como a que lhe fuzilar "a chispa mais eloquente". Contudo, não se manifestou: apenas acercou-se dele, beijou-o e, trêmula, abraçou-o, comovidamente, enquanto ele lhe segredava:

— Foi este o presente de Natal que você pediu, não foi, minha filha?

Ao responder afirmativamente, abraçou-o mais uma vez...

Recordou, algures, Luciano dos Anjos que os "avisos" costumam salvar vidas de muitas maneiras: às vezes, desviando um passageiro duma viagem fatídica, outras, impedindo um ato de consequências negativas. E exemplificou: foi um livro que abriu o caminho para a abolição da escravatura americana — *A cabana do Pai Tomás*. Igualmente, um livro provocou, na Alemanha de Goethe, a maior onda de suicídios de que se tem notícia — *Werther*. Assim a filha do escritor pode ter-lhe feito bem inimaginável, atuando como intermediária de inspirações superiores.

Com efeito, em *Obras Póstumas* de Allan Kardec, quando se cogita de médiuns de pressentimentos, está explicado que pessoas há que, em certas circunstâncias, "têm uma *imprecisa* intuição das coisas futuras", a lhe facultarem sejam entrevistas "as consequências de coisas presentes; mas, doutras vezes, resulta de *comunicações ocultas*, que fazem de tais pessoas uma variedade de *médiuns inspirados*".

"Seja como for, o gênio literário do autor de *Ouro de Cuiabá* transformou o provável fenômeno mediúnico de sua filha num pequeno conto de Natal, que, por fim, nos surge mais esta lição: não raro, o melhor presente está num punhado de cinza, que tanto pode significar o incêndio duma ideia infeliz quanto a lembrança de que apenas os valores espirituais sobrevivem eternamente, sem jamais voltar ao pó", rematou, com pertinência, o jornalista Luciano dos Anjos.

Ora, a menina de Setúbal não lhe soube explicar o motivo do pedido. Contou, simplesmente, que havia "uma coisa aqui dentro" a lhe dizer, desde o dia anterior, que o pai não deveria publicar aquele livro. Enquanto falava, punha a mão no coração:

— Eu não sei o que é, papai. Não sei. Mas é uma coisa aqui dentro. Uma coisa esquisita. E por isso eu quero que papai rasgue o livro.

Limitou-se a tanto; ela mesma não sabia ir além, pois tudo ignorava sobre a natimorta obra do pai. Mero presságio, um daqueles "avisos", e que tantos nefastos acontecimentos têm conjurado.

[João Antero de Carvalho. *Reformador*, dez. 1977.]

3.20

Natal de Jesus

"É que hoje vos nasceu na cidade de Davi um Salvador, que é Cristo, o Senhor."

(*Lucas*, 2:11.)

Estamos em dezembro, o suave mês de Natal.

O nascimento do Mestre é o festivo acontecimento que, por incompreensível mistério, nunca envelhece.

Em dezembro, tudo é belo, tudo se renova nas paisagens da vida, seja no coração do homem, seja no maravilhoso cenário da própria Natureza.

Tudo vibra, tudo canta, harmoniosamente, em sublime e maravilhosa sinfonia que se não ouve, mas que as almas sentem e percebem.

Os próprios sentimentos humanos, geralmente contraditórios e exigentes, tornam-se mais compassivos na contemplação das imperfeições e fraquezas que assinalam ainda, de forma acentuada, as individualidades encarnadas e desencarnadas.

Os graves problemas que assediam e envolvem a Humanidade contemporânea, em todos os quadrantes do orbe, nesta fase de transição da era da matéria para a era do Espírito, diluem-se nestes festivos dias de dezembro, mercê da suave magia do Natal do Senhor.

O ameno cenário da Palestina parece ressurgir, glorioso e inesquecido, dos mais ignotos escaninhos de nossas almas, trazendo-nos as mais delicadas reminiscências.

Todos nós, almas em aprendizado e aperfeiçoamento, ao delicado toque espiritual do Grande Dia da Cristandade, substituímos temporariamente o milenário egoísmo, que nos tem sido a tônica de tantas amargas experiências reencarnatórias, pelas mais agradáveis manifestações de fraternidade e cortesia.

Boas-Festas! Felicidades! Muitas felicidades!...

Vaidade e orgulho, presunção e amor-próprio escondem-se, envergonhados, nas prateleiras inferiores de nossa individualidade, ao doce influxo do 25 de dezembro.

A simplicidade e a ternura, o amor e o perdão encontram em nossas almas aquela transitória receptividade que, mais tarde, será permanente.

A Humanidade terrena — seres encarnados e desencarnados — viverá no grande porvir o cotidiano Natal do Amor, tão logo os sublimes ideais do Evangelho, legados à Terra pelo Filho do Carpinteiro, venham instalar-se em nossas almas.

Quando criarmos em nosso mundo interno condições espirituais e morais para que se estabeleça, nas sociedades humanas, a decantada Civilização do Terceiro Milênio, o Natal não será, como nos dias que correm, uma simples festa a se repetir, anualmente, no calendário, mas definitivo sistema de vida para todos nós.

Desde a singela manjedoura, vem o Salvador, o Cristo, o Senhor, convidando-nos para o diuturno Natal da Luz e do Saber, da Edificação e da Bondade.

Realizemos, por conseguinte, os mais positivos e constantes esforços no sentido de que os nossos Espíritos sejam convertidos em luminoso santuário de paz e trabalho, onde a sublime festa do "nascimento de Jesus em nós" possa realizar-se de maneira perene, inextinguível, gloriosa.

Renovemos, com Jesus, as mais vivas e salutares esperanças, para que a nossa ascensão, no rumo deste "Natal-vivência", seja cada vez mais firme e segura.

[Martins Peralva. *Reformador*, dez. 1963.]

3.21

Espírito do Natal

Ter o Espírito do Natal quer dizer dar e doar.

Este o sentido que transmitiu ao acontecimento aquele que o ensejou, antes e depois de sua consumação.

Antes...

Proporciona felicidade àquela que lhe fora escolhida por Mãe, quando da anunciação feita pelo anjo Gabriel.

Prodigaliza alegria a Isabel, por ocasião da visita que lhe fez a agraciada do Senhor.

Infunde tranquilidade e confiança a José, pelas coisas que lhe dá a saber por meio dos sonhos premonitórios.

Acalenta as esperanças dos três reis magos, pondo a guiar-lhes os passos uma estrela que os leva, jubilosos e triunfantes, à presença do Salvador.

Depois...

Inunda de contentamento os pastores que, na calada da noite, no silêncio das horas mortas, apascentam seus rebanhos.

Deslumbra os doutores da lei, os mestres de Israel, no recinto da Sinagoga, com as manifestações fluentes de sua profunda Sabedoria.

Aumenta o regozijo dos convivas nas Bodas de Caná, transformando água em vinho.

Assegura a Pedro e a André grande contentamento, pela dadivosa pesca com que os felicita, coroando-lhes os esforços depois de uma noite inteira de tentativas infrutíferas.

Restaura o júbilo dos corações amargurados de Jairo, da viúva de Naim, de Marta e Maria, ressuscitando-lhes os entes queridos.

Conforta o centurião, dando-lhe a certeza da cura do seu servo.

Felicita a mulher adúltera, livrando-a dos seus perseguidores.

Ergue o ânimo de Madalena, assegurando-lhe a possibilidade de sua regeneração.

Alegra os publicanos com a convicção que lhes incute de que não há classes desprezíveis nem desprezadas.

Dá vista aos cegos.

Limpa os leprosos.

Expulsa demônios.

Levanta paralíticos.

Leva sacrossantos estímulos, fagueiras esperanças aos sofredores do corpo e da alma, aos necessitados do físico e do moral.

Rejubila-se com os Discípulos na Ceia Pascal.

Desanuvia as preocupações de Maria, ao confiá-la aos cuidados do Discípulo Amado, apontando-o a ela como filho e indicando-a a ele por Mãe.

Estimula o bom ladrão.

Depois, o Espírito do Natal na Ressurreição.

Aparece, primeiro, a Maria Madalena.

Comparece, por duas vezes, ao Cenáculo de Jerusalém, mostrando-se ao Colégio Apostólico.

Acompanha os dois Discípulos no caminho de Emaús.

Faz-se visível aos quinhentos da Galileia.

Identifica sua presença junto a Pedro no mar de Tiberíades, com quem ceia e confabula.

Assim, possuir alguém o Espírito do Natal, sentir-lhe de fato a profunda significação, vivê-lo verdadeiramente na vida de relação, entendê-lo, não como um acontecimento isolado do ano, mas como uma constante de vivência de todas as horas do dia, consistirá em dar-se e doar-se, revelando-o em todos os momentos e ângulos da experiência planetária e com ele prosseguindo pela eternidade afora.

[Passos Lírio. *Reformador*, dez. 1969.]

3.22

Natal com Jesus

Até aqui não temos feito outra coisa senão comemorar, à nossa moda, o Natal de Jesus.

Profusão de lantejoulas e ornamentações a caráter.

Árvores esgalhadas, sem flores e sem frutos, sem raízes e sem frondes, sem seiva e sem vida, transformados em lampadários multicoloridos.

Manifestações de votos de boas-festas, expressas em cartões que variam de tipos, formatos, tamanhos e significação.

Saudações ditadas pelo gênio inspirador da Amizade.

Brindes e presentes, sugeridos, em alguns casos, pelos interesses e conveniências; em outros, inspirados pela extensão e intensidade de sinceros e acrisolados afetos.

Cânticos religiosos, músicas sacras, cultos externos traduzindo o teor multiforme das homenagens. Artigos e crônicas, pontos e contos, poemas e sonetos — prosa e poesia estreitamente conjugadas para o mesmo fim.

Peças oratórias, páginas radiofônicas, representações pictóricas, criações cenográficas, que exploram o mesmo filão histórico.

Lautas mesas, servidas de guloseimas e iguarias que fazem a delícia de refinados paladares.

Mas impõe-se uma radical modificação nesta ordem de apresentação das causas pelas criaturas, em relação ao Natal.

É imperioso que o homem avance um pouco mais e passe a compreender o Natal de Jesus como o Natal com Jesus.

Desvencilhando-se da gastronomia e consagrando-se à meditação.

Desapegando-se das exterioridades e concentrando-se no mundo de si mesmo, por meio das doces e repousantes recordações de todos os fatos que se relacionam, remota e diretamente, com o nascimento do Filho de Deus.

Ausentando-se do Presente tumultuado e internando-se na cripta augusta e silenciosa do Passado, para projetar-se nas claridades do Futuro, em arrojados voos de esperança e idealismo.

Examinando-se conscienciosamente.

Alcandorando-se em ideias e aquisições.

Acrisolando-se em sentimentos.

Crescendo em espiritualidade.

Renascendo para Deus.

Natal com Jesus representa, antes e acima de tudo, nossa inquebrantável disposição de ânimo de caminhar para Ele, ou a obtenção da possibilidade de sua vinda até nós, pelas condições favoráveis de hospedagem que lhe ensejemos em nossos corações.

[Passos Lírio. *Reformador*, dez. 1994.]

3.23

Passagem e paisagem de Natal

Em ligeiro encontro que tivemos com um amigo, perguntou-nos ele:

— Como é, você já está preparado para o Natal?

Respondemos-lhe:

— Meu caro, há muitos anos que nos vimos preparando para o Natal, mas até agora, lamentavelmente, não conseguimos ainda o preparo necessário.

Via de regra, o sentido da pergunta, tal como no-la fazem, diz respeito:

— à aquisição de vestimentas para estreia no dia do Nascimento do Senhor;

— à compra de guloseimas e bebidas finas para solenizar o acontecimento;

— à possível remodelação de nossas residências, com melhoramentos gerais, quer na decoração, quer no mobiliário;

— à realização de negócios vantajosos;

— à programação de fuga do burburinho da cidade para a quietude bucólica de um sítio;

— à apresentação de uma árvore de Natal, toda cheia de lantejoulas irisadas de luzes policrômicas;

— à armação de um presépio, reproduzindo o quadro da Manjedoura;

— à lembrança dos amigos para conosco, representada nos presentes ganhos ou à nossa retribuição a eles.

Não é assim que entendemos a passagem do Grande Dia do Senhor?

Geralmente, pensamos apenas em como passar o Natal.

A questão em si não é, todavia, de *passagem* do Natal, e sim de paisagem do Natal.

Paisagem do Natal em nós mesmos:

— do pensamento alcandorado nas Alturas, tocando os cimos iluminados e luminosos da Espiritualidade;

— da mente em sintonia com o Alto, nimbada das claridades do Grande Além;

— dos sentimentos acrisolados nos ensinos e testemunhos cristãos;

— da vontade a serviço único e exclusivo dos desígnios do Altíssimo;

— do cérebro transformado em centro das mais nobres e formosas cogitações espirituais;

— do coração engrandecido nas mais profundas e sinceras manifestações do amor;

— dos olhos, visualizando tão somente os quadros dignificantes da vida;

— dos ouvidos, captando, de todos os lados e pelas formas múltiplas sob que se apresentam, as mensagens silenciosas e abscônditas que nos vêm da alma das coisas, dos arcanos sagrados do Universo;

— das mãos em diligentes atividades de reconstrução espiritual do Homem e do Mundo;

— dos pés em deslocamento para o Bem e pelo Bem, sem desfalecimentos nem recuos, sem paradas nem desvios ante os percalços do Caminho;

— da boca externando invariavelmente palavras de vida eterna, ajustadas ao diapasão evangélico, enquadradas nos ditames de uma consciência retilínea;

— de toda a instrumentalidade fisiológica elevada à condição de santuário, de "templo do Espírito Santo", onde oficiante possa celebrar o culto, de todas as horas e de todos os dias, da adoração ao Senhor pelo serviço ativo de edificação de si mesmo.

Não sabemos em que sentido aquele nosso amigo nos teria feito a sua pergunta, mesmo porque tão rápido fora nosso encontro que não nos deu tempo para outras indagações. Mas temos a impressão, quase certeza, de que se tivéssemos entrado em maiores considerações, pelo menos nós passaríamos por não tê-lo entendido, quando bem poderia ser ele quem, talvez, não nos entendesse.

De qualquer sorte, ficamos-lhe sumamente agradecidos pela feliz oportunidade que nos ensejou de poder ressaltar a diferença existente entre *passagem* de Natal e *paisagem* de Natal.

Diferença que se resume nisto: *passagem de Natal* — nós dentro de exterioridades, que se findam poucos dias depois;

paisagem de Natal — interioridade no âmago de nossas almas, que perduram por todo o sempre, no infinito do espaço e na Eternidade do Tempo.

Diferença que se explica por isto: Natal é Jesus no coração. Ele nascido em nós; nós renascidos nele.

[Passos Lírio. *Reformador*, dez. 1995.]

3.24

Evocando o Natal

Segundo os apontamentos evangélicos de Lucas, naqueles dias, José e sua esposa, que se achava pejada, saíram de Nazaré em demanda de Belém, a fim de serem recenseados, atendendo a um edito emanado de César Augusto.

E, estando ali, aconteceu de Maria dar à luz seu filho primogênito, em humílima estrebaria, "porque não havia lugar para eles na estalagem".

Naquela mesma comarca, uns pastores que se achavam em vigília noturna, para guardarem o seu rebanho, viram surgir diante deles um ser angélico, resplandecente de luz, e, porque se atemorizassem com o fenômeno, foram tranquilizados pela entidade espiritual, que lhes falou:

— Não temais, pois aqui estou para anunciar-vos um fato que será causa de enorme alegria para todos: hoje vos nasceu, na cidade de Davi, o Salvador, que é o Cristo Senhor.

Subitamente, apareceu também uma numerosa coorte celestial, que, em cânticos, exclamava: "Glória a Deus no mais alto dos céus, e paz na terra aos homens, a quem Ele quer bem."

***

Eis, em síntese, o relato da descida do Messias entre nós.

Tal evento, de suprema importância para os destinos da Humanidade terrena, devera, mesmo, despertar imenso júbilo em todas as criaturas, consoante as palavras do Celeste Emissário.

Lamentavelmente, porém, a exemplo da hospedaria de Belém, que negou acolhida a Jesus nascituro, muitos corações ainda se mostram indiferentes à missão do Cristo, recusam aceitar sua doutrina de fraternidade universal, mantêm-se fechados a todo e qualquer sentimento altruísta, e daí a intranquilidade, as lutas e os sofrimentos que lavram por todos os recantos da Terra.

***

Outro evangelista, João, também nos diz que Deus amou este mundo (como ainda o ama e o amará sempre), com tal efusão que nos enviou seu excelso Filho, a fim de ensinar-nos como conquistar a paz e a alegria para todo o sempre.

Sim, conquistar, pois paz e alegria não são coisas que outrem nos possa dar, mas estados de alma que cada um tem que conseguir por si mesmo, vencendo o egoísmo, o orgulho, a crueldade e todos os sentimentos malsãos, contrários ao amor.

Os homens, entretanto, não o conheceram, "porque amavam mais as trevas do que a luz", e, ainda hoje, continuam a honrá-lo mais com os lábios do que com obras dignas de seu agrado.

***

Assim, enquanto não sejamos tocados pela mensagem cristã, e não nos esforcemos no sentido de transportar para a vida cotidiana os preceitos que Jesus nos veio trazer e exemplificar, a comemoração do seu Natal continuará sendo um movimento social muito bonito, uma excelente oportunidade para a promoção de vendas, um forte pretexto para a satisfação de vaidades, e um bom motivo para bailes e comezainas, mas... pobre, muito pobre, daquele conteúdo espiritual que seria de desejar-se em tão sublime efeméride.

Que Jesus se compadeça de nós e, malgrado o nosso demérito, nos envolva a todos com suas bênçãos sacrossantas, tal a súplica sincera que lhe fazemos, nesta data magna da Humanidade.

[Rodolfo Calligaris. *Reformador*, dez. 1968.]

3.25

Jesus

Jesus foi considerado um deus.

No curso de milênios de religião, a presença do Mestre era distante demais. Assim como algo para ser adorado a distância.

Era inatingível.

O seu Evangelho era objeto de culto.

Lido, sem ser entendido, rendia-se-lhe um respeito místico, sem alcançar-se que suas lições eram destinadas a serem vividas no cotidiano.

Eis, porém, que o Espiritismo o redescobre.

Jesus, de semideus, volta às dimensões de um Exemplo vivo. Não longe de nossas tribulações nem ausente do campo de nossas dores.

A sua *humanização* colocou-o a nosso alcance, mudando-lhe internamente a posição nas ocorrências íntimas de nossa alma.

Seu Evangelho — lições para a Vida.

Não mais um personagem lendário, mas alguém pleno de calor e afeto, compreensão e ternura.

Ah! Jesus vivo, vivo no dia a dia!

[Roque Jacintho, *Intimidade*.]

3.26

A festa real de Jesus

"Se Jesus deixasse a Terra, o caos lhe tomaria o lugar."
KELVIN VAN DINE[6]

Feliz Natal!

O Natal se aproxima. Bem antes do tempo as vitrines enfeitadas convidam as pessoas a se lembrarem da época dos presentes.

Nessa fase de aguda crise, é preciso recordar mais vivamente que o tempo do Natal está chegando e é necessário provar aos parentes e amigos que pensamos neles.

Feliz Natal! Para muitos, esta pequena frase não se realiza tão facilmente quanto é pronunciada.

---

[6] *Técnica de viver*. Psicografado por Waldo Vieira. Ed. CEC, 1984.

Cercado de presentes, diante de iguarias, o ser humano não está feliz. Nele, viu uma emoção tocada de incompletude, como se algo ou alguém estivesse faltando.

Lá fora, na noite, noutras casas onde a luz escasseia e a mesa é pobre, também se ouve: Feliz Natal!

Lá e aqui a *noite feliz* parece não significar quase nada, a não ser o estranho paradoxo de se ter que aparentar felicidade porque assim é estabelecido. Afinal, o que se está comemorando?

Um repórter, em movimentada avenida, perguntando aos transeuntes, que saem das lojas com embrulhos e sacolas, o que se comemora no dia 25 de dezembro, possivelmente obtivesse respostas variadas e entre estas alguém se lembrasse de dizer que é a data de nascimento de Jesus.

Mas, por mais que se procure o aniversariante, Ele não é encontrado. Não há qualquer sinal nas ruas e lojas.

***

A exata compreensão do Natal sugere uma averiguação histórica quanto à data do nascimento de Jesus. Os pesquisadores não são unânimes em afirmar que ocorreu em dezembro, porque, na história do Cristianismo primitivo, os primeiros cristãos não tinham o hábito de celebrar o Natal, por considerarem a comemoração um costume pagão.

As primeiras observações acerca do nascimento aparecem por volta do ano 200. O dia 25 de dezembro foi mencionado em 336, o que não impedia que em outras datas também ocorressem os festejos, como, por exemplo, no dia 6 de janeiro, que até hoje é mantido pelas Igrejas Ortodoxas Orientais.[7]

---

[7] Dados históricos extraídos da *Enciclopédia Delta Universal*, Ed. Delta, Rio de Janeiro.

Com o passar dos séculos, o Natal foi deixando de ser uma festa de cunho religioso e passou a ganhar novos contornos, originários de culturas anteriores ao Cristianismo. Na Inglaterra, durante a Idade Média, o Natal transformou-se no dia mais alegre do ano, mas como esse estado de alma não era lá muito compatível com o "espírito sombrio" da época, os puritanos que encaravam a festa como pagã proibiram-na no país.

No Ocidente, a celebração do Natal, anteriormente ligada ao nascimento de Jesus, aos poucos foi sendo modificada. A figura do Papai Noel, o bom velhinho, tornou-se um atrativo maior para as crianças, logo também para os adultos. As festas natalinas assumiram um caráter notadamente comercial, onde se estimula o consumismo desenfreado sob o pretexto de que esta é a época de se presentear os amigos e parentes.

Com isso tudo, Jesus foi sendo gradualmente substituído, de motivo central da festividade a elemento secundário na preferência popular, que resolveu homenagear outros ídolos.

***

Ele, porém, dissera com convicção: *"Na Casa do Pai há muitas moradas. Se assim não fosse, Eu vo-lo teria dito. Vou preparar-vos o lugar."*[8] Ao fazer tal afirmação, o Cristo garantiu que há um *lugar* para todos, que a Ele cabe preparar.

Mas e Ele? Que lugar ocupa no mundo atual? Será um lugar específico? Numa escala de valores, está em primeiro lugar?

A civilização ocidental rotula-se como cristã, todavia, é muito difícil encontrarmos o Cristo no Cristianismo presente.

---

[8] *João*, 14:2.

Parece que os homens o baniram, substituindo-o por outros modelos de heróis, que, na verdade, não expressam nenhum dos valores cristãos.

Cultuam-se ídolos que se sobressaem pela força de seus músculos, pela facilidade em matar grande número de pessoas, pelas conquistas amorosas, pela adoção deliberada de extravagantes atitudes eróticas para a venda milionária de discos e livros.

Longe está o modelo do herói cristão, que traz à memória as figuras de Gandhi, Albert Schweitzer, Madre Teresa de Calcutá e alguns poucos mais.

Por isso o Natal se distancia cada vez mais de seu real significado. O aniversariante, por certo, não se importaria em ser presenteado. Um dia, uma mulher pecadora rendeu-lhe homenagens perfumando os seus pés com essência de nardo, diante dos fariseus estupefatos e dos apóstolos um tanto constrangidos. O Mestre aceitou a oferenda porque sabia da atitude interior que a impulsionava. Todavia, quão distante esse gesto de humildade, respeito e amor da comercialização desenfreada que ocorre nos nossos dias!

Onde está Jesus neste Natal?

Ele nos prepara o lugar. E que lugar lhe damos em nossa vida?

***

No momento em que nossa cultura comemora esta data, vale a pena guardar na memória e no sentimento uma certeza: essa região, que o Mestre prepara para nós, começa no território do coração, e só com muito trabalho e comprometimento com o Amor genuíno é que ampliaremos os horizontes seguros de nossa paz.

Isto equivale dizer que o homem reconheceria, então, o *lugar* do Cristo como o legítimo Governador Espiritual da Terra.

Na verdade, o Natal não significa somente o nascimento de Jesus, em um dia específico, diante das datas do mundo, mas também o nascimento do Cristo na consciência renovada do Homem Integral, em qualquer dia, a qualquer hora.

É com esta visão que Cármen Cinira traduz, em poesia, a festa real de Jesus:

"Natal!... O mundo é todo um lar festivo!...
Claros guizos no ar vibram em bando...
E Jesus continua procurando
A humilde manjedoura do amor vivo.
Natal! Eis a Divina Redenção!...
Regozija-te e canta, renovado,
Mas não negues ao Mestre desprezado
A estalagem do próprio coração."[9]

[Suely Caldas Schubert e Carlos Augusto Abranches. *Reformador*, dez. 1992.]

[9] *Instruções Psicofônicas*, cap. 40, 3. ed. FEB. Psicografado por F. C. Xavier.

3.27

Jesus e o mundo

Ligo a TV e ouço notícias aterradoras, que bem poderiam fazer parte de um filme de *Indiana Jones*, mas que, no entanto, são fatos do cotidiano. Desligo-a na tentativa de evitá-las, pelo menos por um dia. O jornal, porém, à minha frente, estampa manchetes desagradáveis, embora seja um dos mais comedidos dos que circulam pelo país.

É novembro. Saio à rua e vejo que muitas lojas já estão enfeitadas para o Natal. Um pouco cedo, penso eu. Mas os apelos ao consumismo estão no ar, pois as vendas estão difíceis e é necessário motivar os compradores.

Natal: presentes, enfeites, festas, o velho Noel — tão simpático — bebidas, ceias, artigos de fim de ano, enfim, todo o ritual estabelecido. Nem um sinal, por menor que fosse, do aniversariante. Nada.

Poucas horas antes eu havia lido, relido e tentara escrever algo sobre Jesus e as suas últimas instruções aos discípulos, conforme registra João, no seu Evangelho. Não pensei no Natal, nem nas notícias tipo filme de terror do dia a dia mundial. Toda a minha atenção estava presa aos capítulos 13 a 17 de João. Em minha mente tentei imaginar a cena, mesmo com dificuldades óbvias, mas sentindo a magnitude daquele grave momento, perfeitamente registrado pelo Evangelista.

Na rua movimentada, nas lojas vestidas de Natal e cercadas de pessoas apressadas o meu pensamento retorna ao texto evangélico.

Confronto, então, as notícias de crimes, desastres, sequestros, corrupção, guerras, mortes nas filas dos hospitais e postos de saúde, crianças de rua, miséria, e esse Natal que anunciam tão adiantamente às suaves palavras de Jesus, o grande esquecido.

E repito, mentalmente, o fecho das instruções que o Mestre transmite aos apóstolos: *"Tenho-vos dito isto, para que em mim tenhais paz; no mundo tereis aflições, mas tende bom ânimo, eu venci o mundo."* (*João*, 16:33.)

Infelizmente o aturdido homem desse final de século não se dá conta disto. E sôfrego busca respostas onde só existem perguntas. Procura o caminho através de atalhos tortuosos e se deixa levar para lugar nenhum. Teme a morte por não lembrar que é imortal e prefere a dor como opção, esquecido de que o seu destino é a felicidade, o bem, o amor.

Dia virá, todavia, em que cairá em si e empreenderá a viagem de volta, como filho pródigo. Já sabe o caminho. O Mestre Amorável o indica:

"Na casa de meu Pai há muitas moradas. Se não fosse assim, em vo-lo teria dito; vou preparar-vos o lugar. [...] Mesmo vós sabeis para onde vou e conheceis o caminho." (*João*, 14:2 e 4.)

É neste instante que Tomé faz a pergunta — em nome de toda a Humanidade em todos os tempos:

"Senhor, não sabemos para onde vais; e como podemos saber o caminho?" (*João*, 14:5.)

Disse-lhe Jesus:

"Eu sou o caminho, a verdade e a vida. Ninguém vai ao Pai senão por mim." (*João*, 14:6.)

Não há outra forma de ir ao Pai senão através dele e de sua mensagem de amor.

"Um novo mandamento vos dou: Que vos ameis uns aos outros; assim como eu vos amei, que também vos ameis uns aos outros." (*João*, 15:12.)

"Nisto todos conhecerão que sois meus discípulos, se vos amardes uns aos outros." (*João*, 13:35.)

Retorno a casa e me apresso a reler os textos sublimes de João.

"No mundo tereis aflições..." (*João*, 16:33.)

O cotidiano mundial desfila em minha memória.

No mundo tereis aflições — repito. Mas, no capítulo 17, Jesus profere uma oração ao Pai do Céu pelos discípulos. E a certa altura diz:

"Não peço que os tires do mundo, mas que os livres do mal." (*João*, 17:15.)

Estar no mundo, sem ser do mundo.

Ser e não *ter*. A eterna luta.

"Eu venci o mundo." (*João*, 16:33.)

Ligo a TV e vejo o mundo. Ele, porém, está nas ruas do mundo.

"E eu rogarei ao Pai e ele vos dará outro Consolador, para que fique convosco para sempre; o Espírito de Verdade, que o mundo não pode receber, porque não o vê nem o conhece; mas vós o conheceis, porque habita convosco e estará em vós." (*João*, 14:16 e 17.)

Começo a escrever.

E concluo que os espíritas somos felizes porque já sabemos. Com maiores responsabilidades, por isso mesmo.

Amigo leitor, neste Natal, convide o Aniversariante para o seu lar e renda-lhe a homenagem que Ele merece. Em todos os dias de sua vida.

"Tende bom ânimo. Eu venci o mundo." (*João*, 16:33.)

Feliz Natal!

Feliz Aniversário!

[Suely Caldas Schubert. *Reformador*, dez. 1995.]

3.28

Quando Jesus nasceu...

Quando Jesus estava para nascer, havia, de ponta a ponta do céu, uma imensa alegria, uma doida curiosidade nas estrelas do infinito.

Cada uma delas queria ter a glória de ver, na mesma noite do nascimento, o rosto olímpico do Redentor do mundo.

E era um assanhamento e era uma ansiedade!

Corria, pelo céu, a promessa de que a estrela que tivesse a dita de ver Jesus na noite do Natal seria a mais fulgurante, a mais bela, a mais abençoada das estrelas.

E era um interesse e era uma vibração!

Sabiam todas que Jesus ia nascer em Belém. O que se não sabia era em que teto ia nascer.

Disse uma estrela:

— Eu vou colocar-me sobre as telhas daquele lindo palácio que fica ali, naquela esplanada. Não sei o que me diz que o Salvador do mundo nascerá naquele palácio.

Disse outra:

— Já não penso assim. Palpita-me que ele terá de nascer naquele outro palácio que fica perto do teu. É mais belo, mais suntuoso. É mais digno de receber o Filho de Deus.

Atalhou outra estrela:

— Estão vocês enganadas. Não será nem um nem outro. A mais formosa casa de Belém é aquela que ali fica, com as duas torres galgando o céu. É lá que eu me vou postar, porque lá deve ser o teto escolhido para Jesus nascer.

— Vocês não conhecem Belém — falou outra estrela. — Fixem os olhos ali, naquele outeiro. Não veem o vulto de um palácio, com imensos varandins e altas colunas? É uma das casas mais ricas da Judeia. Lá vai nascer o que vem salvar o mundo.

E as opiniões cruzaram-se. É este palácio, é aquele, aquele outro.

Na noite de Natal, as estrelas vestiram-se com as suas roupas mais cintilantes.

Entre elas havia uma estrelinha humilde, a mais apagada, a mais pobre e a mais obscura de todas as estrelas. E tão humilde e tão pobre era a estrelinha que não tinha sequer vestidos de festa. E a roupa que ela vestira para assistir ao Natal de Jesus era uma velha túnica esfarrapada, que se arrastava em frangalhos pela vastidão do céu.

As estrelas, ao vê-la, desdenharam-na.

— Que vai lá fazer aquela sujeita?

— Envergonhar as constelações celestes.

— Com aquele vestido, todo mundo rirá dela.

— E de nós também. Dir-se-á que temos criaturas inferiores entre nós.

— Passará como nossa criada.

— Está bem.

Uma das estrelas, a mais orgulhosa, resolveu falar à estrelinha:

— Rapariga, que vais lá fazer?

— Vou à procura da graça de ver Jesus.

— Mas assim esfarrapada?

— Eu não tenho outro vestido. Jesus me perdoará.

— Eu achava melhor que ficasses.

Outra estrela acrescentou:

— Mesmo porque não há lugar para ti. Cada uma de nós já escolheu o palácio onde vai colocar-se.

— Eu ficarei em qualquer parte. Jesus terá pena de mim e me enviará um raio do seu amor.

Zombando, outra estrela falou:

— Com esse vestido e esse ar de pobretona, qualquer lugar te serve. Vês, ali, na falda daquele outeiro, umas quatro telhas?

— Vejo.

— Aquilo é um estábulo. Fica-te lá que ficarás bem. Não mereces mais.

— Ficarei — disse a pobrezinha resignadamente.

[...]

Havia pelo ar um doce tom de bem-aventurança. Parecia que a Terra estava envolta numa grande palpitação de bênçãos. Pássaros cantavam à meia-noite como se fosse numa alvorada de ouro. Flores abriam àquelas horas como numa primavera bendita. A terra, o ar, o céu eram um maravilhoso hosana de amor e de paz.

No espaço sobre a falda de um outeiro, fulgiu, irradiou o vulto luminoso de uma estrela.

O firmamento inteiro vibrou surpreendido.

Disse uma estrela orgulhosa a outra estrela orgulhosa:

— Que é aquilo? Quem será aquela que já está brilhando com tanta luz, como se já tivesse tido a graça de ter visto o Redentor?

— Não conheço, mas, pelo jeito, parece a estrelinha do vestido esfarrapado.

— Não é possível — disseram as outras. — O lugar em que ela está é um estábulo. E Jesus não podia ter nascido num estábulo!

— Mas por que aquela sujeitinha brilha tanto?

— Maluquice.

Outra estrela avisou:

— Vejam, reparem bem. O fulgor que ela tem é um fulgor que nunca teve. Até a cauda esfarrapada do seu vestido está brilhando com uma beleza deslumbrante. Há alguma coisa de milagroso ali. É bom que vejamos.

E correram todas a rumo do estábulo, o estábulo sagrado em que Jesus acabava de nascer.

E, embora fulgentes e coruscantes, ninguém as viu, ninguém as percebeu. A luz da estrelinha, da mais pobre, da mais humilde, da mais obscura das estrelas, era tão viva, tão bela e tão ofuscadora que anulava a luz de todas elas. Foi a pobrezinha a única que teve a graça de assistir à vinda de Jesus à Terra.

É que as outras, as orgulhosas, tiveram a soberba de pensar que o Redentor, vindo ao mundo, vinha para os grandes e não para os pequeninos.

VIRIATO CORREIA

[Extraída da *Antologia do jornalismo brasileiro*, de Pedro Timotheo, v. 1, 1944. *Reformador*, dez. 1967.]

3.29

O Cristo e o mundo

Apesar de vinte séculos decorridos, a Humanidade ainda não tem a compreensão exata do que representa o Cristo de Deus.

A figura excelsa do Emissário do Criador, o Messias tão esperado de que falam antigas profecias desde setecentos anos antes de sua chegada, passaria quase despercebida nos fastos da História, não fossem os registros dos evangelistas inspirados, como marcas indeléveis de uma planificação superior.

O próprio povo no seio do qual apareceu, na Terra, que tanto se preparara para recebê-lo, não o identificou como competia, num lamentável equívoco da raça.

Sua mensagem não foi aceita senão por uns poucos discípulos que se incumbiram de divulgá-la pelo mundo. Mas o mundo cedo a desvirtuou, não a compreendendo no seu justo sentido.

As igrejas cristãs ainda hoje apresentam o Cristo sob uma visão distorcida, enquanto as religiões e seitas não cristãs, por ignorância ou indiferença, incorrem em grande erro a respeito de sua personalidade e de sua missão.

Diante dessa realidade, seria necessária a presença do Consolador prometido, para ensinar coisas novas e restabelecer a verdade, recordando tudo quanto fora dito pelo Mestre Incomparável:

"Mas aquele Consolador, o Espírito Santo, a quem o Pai enviará em meu nome, esse vos ensinará todas as coisas, e vos fará lembrar de tudo quanto eu vos tenho dito." (*João*, 14:26.)

Que entenderam e propagaram as religiões ditas cristãs a respeito de Jesus?

Baseadas em algumas passagens evangélicas, interpretadas isoladamente e segundo a letra, tomaram a figura do Messias como o próprio Deus feito homem, apesar das muitas advertências de que Ele, o Mestre, era o Filho de Deus e seu enviado. Os Evangelhos são repetitivos nessa advertência de suma importância, mas a Igreja Romana, estribada nos primeiros versículos do Evangelho de João e na exclamação de Tomé, chamando-o Deus e Senhor, proclamou-o Deus, instituindo o dogma da Santíssima Trindade, de tão difícil entendimento.

A partir de então, generalizou-se a crença no Deus-Pai, no Deus-Filho e no Espírito Santo, a divindade trinitária, concepção semelhante à de outras crenças orientais.

Por erro de entendimento da mensagem crística, erigiu-se o mistério como solução interpretativa, contrariando, ao mesmo tempo, os ensinamentos do Mestre e a razão humana esclarecida.

Prevaleceu o dogma, criação humana, através dos séculos, contra a realidade imanente da Revelação.

A reposição da verdade é obra que cabe à Doutrina dos Espíritos, nova etapa da Revelação.

Milhões de inteligências, influenciadas pela crença ministrada por intermédio das religiões tradicionais, têm dominado os organismos do mundo, estendendo-se o engano ao plano invisível em que habitam essas almas.

Agora chegou o tempo das retificações, sempre trabalhosas e difíceis quando se trata da modificação de conceitos profundamente arraigados no imo dos seres. É trabalho que demanda paciência e perseverança, obra de reeducação envolvendo muitas gerações.

O Espiritismo, o Consolador, conta para tanto com a força da verdade e com a sabedoria dos planos divinos, executados sem pressa mas inexoravelmente, de conformidade com as leis superiores que regem os destinos das criaturas e do mundo.

Os instrumentos serão os próprios homens chamados à colaboração com o Cristo, usando dos recursos inesgotáveis que o progresso contínuo vai proporcionando, nas idas e vindas das vidas sucessivas.

É permanente o processo reeducativo, decorrência natural da lei de evolução. Variável de criatura para criatura, nem sempre se torna perceptível no curso da uma existência na Terra, eis que por vezes toma a aparência da estagnação, tais os obstáculos erguidos contra o determinismo evolutivo da Lei Divina.

Os óbices são criados pelos Espíritos; encarnados e desencarnados, nas múltiplas atividades de que se ocupam: nas ciências e nas religiões, quando, fugindo às suas altas finalidades de auxiliares do progresso material e moral, deixam-se dominar pela intolerância, pelo preconceito e pelo dogmatismo; na política e na administração, instituídas para realizar o bem comum, quando descambam para a tirania, as intrigas e a corrupção; nas atividades comerciais, desenvolvidas para o suprimento das necessidades individuais e coletivas, por meio das trocas consagradas desde remotas eras, quando se transformam em fontes de egoísmo e ambição; nas indústrias, tão necessárias à multiplicação dos recursos naturais, e no trabalho organizado e útil, lei da vida, quando se desviam nos descaminhos das fabricações dos artefatos de guerra e de corrupção, ou quando transformam a força de trabalho em agente da perversão e do crime; nas letras e nas artes, veículos naturais para a elevação espiritual, quando se deixam contaminar pela extravagância e pela insensatez, nos atentados contra o bem, o bom e o belo.

O homem, nos seus desvarios resultantes do uso prejudicial da liberdade de que é portador, respeitada pela Lei Divina, mostra, por vezes, tristes sinais de invigilância, mesmo quando bafejado pelas mais belas claridades do Alto.

Exemplos dessa invigilância encontramos até mesmo nas fileiras espiritistas, quando companheiros se deixam iludir por sutilezas e enganos revestidos de falsa ciência, conduzindo-os a combater o Evangelho do Mestre, a sublime fonte do Espiritismo, da qual não se pode desvincular, sob pena de desnaturação e aniquilamento.

Como resultante, deparamos com o triste paradoxo de ver-se contraditada a Doutrina da libertação, luzeiro para toda a Humanidade, por alguns de seus adeptos, por certo não os mais simples e humildes, mas os dominados pelo orgulho e pelo personalismo deprimente, a indagar, como na passagem evangélica: "Que temos a ver com o Cristo?"

Enquanto o ateísmo e o materialismo, as clássicas formas de manifestação da descrença nos altos valores espirituais, vão perdendo terreno diante das doutrinas espiritualistas, essencialmente diante das novas verdades evidenciadas pelo Espiritismo, alguns contraditórios adeptos da Doutrina dos Espíritos atravancam sua trajetória luminosa no mundo das formas, distorcendo sua índole profundamente cristã, reeditando o procedimento de outros, no passado, ao mutilarem o Cristianismo primitivo.

***

Neste orbe cheio de iniquidades, onde seus habitantes lutam contra as próprias imperfeições, manifestadas sob múltiplas formas, sempre foi difícil a aceitação das luzes do Céu.

Muitos foram os mensageiros do Cristo, em todas as épocas e no seio de todos os povos e raças da Terra. Suas missões, como alavancas de progresso moral e espiritual, foram sempre árduas, diante do atraso moral e da rebeldia dos homens.

Jesus Cristo, o Filho de Deus, testemunhou em pessoa, perante a Humanidade, a misericórdia do Pai para com seus filhos da Terra, deixando-lhes a mensagem sublime da redenção humana.

Todavia, uma parcela imensa dos terrícolas permanece indiferente, mergulhada no primitivismo dos interesses imediatistas.

Os que conseguiram vislumbrar alguma luz, além do véu da matéria, por sua vez lutam com os deslumbramentos da inteligência desperta e da inquietude dos programas transitórios, enquanto os que, aquinhoados por crenças herdadas do passado, mas limitados por uma fé cega, continuam enleados, em sucessivas reencarnações, pelas consequências de erros conceptuais cristalizados, de difícil correção.

O Cristo continua, assim, o grande desconhecido para uma enorme parcela de seu próprio rebanho.

Os trabalhadores da última hora, a serviço do Consolador, diante desse quadro gigantesco de carências, estão sobrecarregados de responsabilidades.

Além da realização do trabalho de espalhar por toda parte as verdades evangélicas e de divulgar as coisas novas, reveladas pelos Espíritos, precisam oferecer o testemunho da excelência da exemplificação do que pregam. Muitos precisam conviver com resgates de débitos. Outros não se podem furtar aos ataques da ignorância, da má-fé, dos interesses contrariados, tanto de César e de Mamon, quanto dos seguidores de religiões e filosofias equivocadas.

Dentro das próprias fileiras espíritas surgirão os desviados da estrada reta e estreita do dever perante o Mestre, colocando-se a serviço do personalismo.

"Guardai-vos dos falsos profetas que vêm ter convosco cobertos de peles de ovelha e que por dentro são lobos rapaces." (*Mateus*, 7:15.)

"Levantar-se-ão muitos falsos profetas que seduzirão a muitas pessoas; — e porque abundará a iniquidade, a caridade de muitos esfriará. — Mas aquele que perseverar até ao fim se salvará." (*Mateus*, 24:11 a 13.)

Na luta entre a luz e a treva, a verdade e a mentira, o amor e o ódio, o trabalhador sincero ver-se-á muitas vezes acossado pela calúnia, pelo ridículo, pela impiedade e pela maldade, armas a que terá de opor a coragem, o estoicismo, a certeza da verdade, a fé raciocinada, a caridade, a humildade.

Será taxado de visionário, quando não de lunático, como já tem ocorrido tantas vezes, porque para muitos, ainda em nossos dias, "Espiritismo é coisa de loucos".

Estejamos advertidos, os trabalhadores de boa vontade, das dificuldades da tarefa. Não é fácil restabelecer a verdade e a pureza do Código da Vida deixado pelo Cristo, deturpadas por séculos de obscurantismo e dogmatismo, servindo a interesses mundanos.

Apesar das transformações trazidas pelo progresso incessante, firmando-se as liberdades contra as tiranias, tornando impraticável a imposição religiosa das maiorias, com a iníqua inquisição, as perseguições e o derramamento de sangue em nome do Cordeiro de Deus, ainda existem muitas consciências retardatárias, incapazes de reconhecer os novos tempos, cristalizadas no vício do "crê ou morre" e na necessidade das "guerras santas".

A era do Consolador caracteriza-se como reformista, não no sentido do grande movimento renovador do século XVI, iniciado como protesto contra a mercância de indulgências e sacramentos pela Igreja Romana, mas como programa de reeducação do homem, para que possa *conhecer-se a si mesmo.*

Agora, não haverá derramamento de sangue, porque os novos cristãos-espíritas têm noção plena de suas responsabilidades. Desejam tornar conhecida a verdade para a libertação das consciências, edificando-as retas e dignas.

Há séculos o Governador do Planeta vem orientando os planos e preparando a deflagração da campanha da liberdade com responsabilidade para os Espíritos que fazem sua ascensão neste orbe. As grandes descobertas marítimas, a invenção e o rápido aperfeiçoamento da imprensa, a Reforma, as liberdades políticas, com o reconhecimento dos direitos do homem, a revolução industrial e o incrível progresso científico e tecnológico são alguns pontos desse programa, cada qual no devido tempo, que possibilitam a atuação do Consolador prometido por Jesus.

> Aproxima-se o tempo em que se cumprirão as coisas anunciadas para a transformação da Humanidade. Ditosos serão os que houverem trabalhado no campo do Senhor, com desinteresse e sem outro móvel, senão a caridade! Seus dias de trabalho serão pagos pelo cêntuplo do que tiverem esperado. Ditosos os que hajam dito a seus irmãos: "Trabalhemos juntos e unamos os nossos esforços, a fim de que o Senhor, ao chegar, encontre acabada a obra", porquanto o Senhor lhes dirá: "Vinde a mim, vós que sois bons servidores, vós que soubestes impor silêncio

> aos vossos ciúmes e às vossas discórdias, a fim de que daí não viesse dano para a obra!" Mas ai daqueles que, por efeito das suas dissensões, houverem retardado a hora da colheita, pois a tempestade virá e eles serão levados no turbilhão.
>
> [...]
>
> Deus procede, neste momento, ao censo dos seus servidores fiéis e já marcou com o dedo aqueles cujo devotamento é apenas aparente, a fim de que não usurpem o salário dos servidores animosos, pois aos que não recuarem diante de suas tarefas é que Ele vai confiar os postos mais difíceis na grande obra da regeneração pelo Espiritismo. Cumprir-se-ão estas palavras: "Os primeiros serão os últimos e os últimos serão os primeiros no reino dos céus." — *O Espírito de Verdade* (Paris, 1862) In: *O Evangelho segundo o Espiritismo*, 91. ed. FEB, cap. XX, item 5.

Aquele a quem o Pai "constituiu herdeiro de tudo, por quem fez também o mundo" (Paulo, *Hebreus*), conta com seus trabalhadores sinceros, os que já compreenderam sua grandeza, na obra ingente e paciente de transformação do homem e do mundo.

[Juvanir Borges de Souza, *Tempo de transição*.]

3.30

Considerações sobre o Natal

Esse acontecimento foi anunciado aos pastores de Belém por um mensageiro celeste, nos seguintes termos:

"*Eis que vos trago uma boa-nova de grande alegria: na cidade de Davi acaba de vos nascer, hoje, o Salvador, que é Cristo, Senhor... Glória a Deus nas alturas, paz na Terra aos homens de boa vontade.*" (*Lucas*, 2:10, 11 e 14.)

Naquele *vos nascer* está toda a importância e transcendência do Natal. Nasceu para mim. Não se trata de um fato histórico, de caráter genérico, mas de um sucedimento que, particularmente, me diz respeito, me atinge e me afeta.

Realmente, a obra redentora do Nazareno só tem início e eficácia quando individualizada. Enquanto a consideramos difusa e esparsa, abrangendo a generalidade dos homens, nada representa de positivo e concreto. Ver em Jesus o redentor do gênero humano e encará-lo como o meu redentor pessoal são coisas diferentes, senão na aparência, nas consequências e nos efeitos.

A redenção, que é obra de educação, tem que partir da parte para o todo, do indivíduo para a coletividade, e não desta para aquele. A transformação social há de ser a soma das transformações pessoais. Por isso, cumpre individuar o Natal, tomando, cada um, aquele acontecimento em sentido particular e restrito. A "parte", no assunto em apreço, nada tem que esperar do "todo". O indivíduo independe da sociedade nesta magna questão. Ele deve agir por si e para si, pois desta maneira estará contribuindo praticamente para o bem geral e coletivo.

Tratando-se da nossa evolução particular, não devemos esperar ou aguardar que tal operação se ajuste e se amolde ao conjunto, isto é, à evolução da sociedade. "A hora vem e agora é." O nosso momento é tão somente nosso, pois se acha revestido de cunho personalíssimo. Só assim se avança e se evolui de fato, dando, com o exemplo, impulso certo e seguro no progresso de todos. Enquanto esperamos que o ambiente se modifique e nos possibilite oportunidade de melhorar nossas condições espirituais, essa oportunidade nunca chegará. O dia de encetarmos a obra de nossa libertação, indo ao encontro do Redentor, é hoje, está sempre no presente. Não convém contemporizar, de vez que não dependemos senão de nós próprios.

O Natal, pois, que nos deve interessar de modo íntimo e particular, é aquele que se consumará em nós, mediante a nossa vontade e a nossa colaboração; que terá por teatro o recesso dos nossos corações, então repassados daquela humilde simplicidade que a manjedoura de Belém prefigura.

O estábulo e a manjedoura da cidade de Davi não devem prestar-se exclusivamente a divagações poéticas ou literárias. Cumpre meditá-los como símbolos de certas condições e virtudes, sem o concurso das quais nada conseguiremos no que respeita à nossa espiritualização e ao nosso aperfeiçoamento.

O Espírito encarnado neste orbe não evolverá a esmo nem à mercê do acaso, mas segundo o influxo das energias próprias, orientadas e dirigidas por "Aquele que é o Caminho, a Verdade e a Vida".

Assim, toda a magia do Natal resulta de sua individualização. Cada um deve receber e concentrar em si aquele advento, considerando-o como um caso pessoal.

***

Jesus é uma realidade e, ao mesmo tempo, um símbolo. Ele é a Verdade, é a Justiça, é o Amor. Onde estes elementos predominarem, Ele aí estará, embora não lhe hajam invocado o nome. De outra sorte, onde medrar a hipocrisia, onde imperar a iniquidade e o egoísmo, sob suas multiformes modalidades, Ele não se encontrará, ainda que solicitado, louvado e endeusado pela boca dos homens. Jesus não é, como se imagina comumente, o criador de determinada escola, o fundador de certo credo ou seita. Ele é o revelador da Lei Eterna, o expoente máximo da Verdade, o que vale dizer, da Vontade de Deus.

Sua missão não começou em Belém, nem terminou no Calvário. Ele veio para o que era seu e os seus não o reconheceram — conforme acentua João, em seu transcendente Evangelho.

Jesus é a luz do mundo. Assim como o Sol não ilumina um só hemisfério, mas distribui à Terra toda os seus benefícios, assim o Divino Pastor apascenta com igual carinho todas as ovelhas do seu redil. Sobre as Índias, a China e o Japão, como sobre a Europa e a América paira o espírito do Cristo velando pela obra de redenção humana. Não importa que o desconheçam quanto à denominação. Ele inspirara, por intermédio deste ou daquele, a revelação divina, o Evangelho do Amor. Aqui lhe darão este nome; ali, título diverso, tomando, muitas vezes, o instrumento de que Ele se serve, como o próprio autor das doutrinas ministradas. Que importa? É Ele, sempre Ele, o mediador, o ungido de Deus para intérprete da sua Lei e distribuidor da sua Graça!

Onde há o espírito do Cristo, aí há liberdade — proclama o intimorato apóstolo da gentilidade. Jesus jamais constrangeu alguém a crer deste ou daquele modo. Tocava o íntimo do indivíduo, procurando, como sábio educador, despertar as energias latentes que ali dormitavam. Remia pela educação, porque educar é pôr em ação, é agitar os poderes anímicos, dirigindo-os à conquista do bem e do belo, do justo e do verdadeiro, que concretizam o ideal de perfeição, pelo qual anseia a alma cativa e prisioneira da carne.

Jesus nasceu há perto de vinte séculos. Mas o seu natalício, com tudo que com ele se relaciona, reveste-se de perpetuidade. O Natal do Divino Enviado é um fato que se repete todos os dias, foi de ontem, é de hoje, será de amanhã e de sempre. Os que ainda não sentiram em seu interior a influência do espírito do Cristo ignoram, em realidade, que ele nasceu. Só sabemos das coisas de Jesus por experiência própria. Só após Ele haver nascido em nosso coração, é que chegamos a entendê-lo, assimilando, em espírito e verdade, o seu Verbo incomparável.

[Vinícius, *Na seara do Mestre.*]

3.31

Jesus

CIRCUNSTÂNCIAS — Após as contínuas vicissitudes experimentadas através dos tempos, a Casa de Israel se mantinha obstinada quanto ao regime de exceção que supunha merecer desfrutar entre as demais nações da Terra.

Não obstante os incessantes bafejos da Misericórdia Divina, pela boca dos incontáveis profetas, os hebreus auguravam a plenitude celeste por meio da rígida ritualística terrena e dos preceitos humanos, granjeando, assim, supremacia para eles próprios de modo a tomarem as rédeas da hegemonia política das mãos arbitrárias dos *gentios*, assumindo-as depois, não menos arbitrariamente, eles mesmos...

Aqueles eram, portanto, sem dúvida, dias de contrastes e paradoxos, sob quaisquer aspectos em que fossem considerados.

O antigo esplendor se apagara, embora a astúcia de Herodes, que se empenhava, por todos os meios, em manter-se no trono que fora negociado, a pesado tributo, com o Império Romano dominador. Em consequência, os valores éticos, desde há muito sem oportunidade de espraiarem o conceito *veneratio vitae*, das antigas tradições, ora renascido, eram manipulados a bel-prazer das circunstâncias, em que o absolutismo da força trabalhava esmagando as diretrizes do direito.

O homem, reduzido à expressão mais simples, significava o que valia no jogo arriscado das posições transitórias, cujas peças mudavam de lugar, conforme sopravam os ventos que as intrigas prolongadas produziam nos ouvidos dos astutos governantes.

Não apenas em Israel ocorria assim.

As cidades vencidas eram disputadas por ambiciosos árbitros argentários que logo as transformavam em espólios inermes, sob as garras da rapina irreversível, até a consumação pelo desfalecimento total.

Na capital do Império, a voz das legiões assustava o Senado e, apesar de as leis elaboradas no período do "divino" César — tão estroina e venal quanto poderoso soldado — permanecerem em vigor, Augusto assumira o poder em circunstâncias muito singulares e complexas...

Amante da paz, chegara ao trono após lutas cruentas e sanguinárias.

Esteta e frágil, prometera arrancar ao Egito Antônio e arrastá-lo galé até as escadarias do Senado, ante o delírio do povo, demonstrando força e audácia, o que não conseguiu em razão do nefário suicídio duplo que aquele e Cleópatra se impuseram, em fuga espetacular à responsabilidade.

Idealista, esmagara contínuas rebeliões que lavraram por toda parte.

Acoimado por enfermidades constritoras, no entanto, estimulou as Artes, a Filosofia, a Literatura, de tal forma que o seu foi o período áureo.

Apesar disso, padecia no lar terríveis flagícios morais que o martirizavam, tendo lenidas somente as ulcerações íntimas, quando se empolgava ante as massas deslumbradas que o ovacionavam, na tribuna de ouro a que assomava, nos inesquecíveis espetáculos públicos...

O mundo era, então, imensurável caldeira de aflições.

Os nobres ideais da Humanidade de todos os tempos vicejavam efemeramente, para logo sucumbirem.

O carro da guerra dizimava cidades inteiras e a ferocidade dos homens pouco diferia das expressões selvagens das feras.

Ao lado do poder externo destrutivo, o culto do prazer atingia expressões dantes não igualadas, nem sequer sonhadas.

O homem fossilizava-se, mantendo-se nos pauis da sensualidade, a repetir os espetáculos truanescos do passado com as motivações vis do presente.

A ambição do poder e da glória, da fortuna e do mando engendrava as facilidades para as exteriorizações da sensação nunca amainada.

Os governos tinham por motivação "dividir para imperar" e "possuir para gozar".

Aumentavam, no entanto, os desaires e frustrações, as penas e injunções da perversidade, porquanto somente as experiências decorrentes do amor e da ordem facultam paz, como propiciam entusiasmo sadio aos que lhe fazem culto de submissão e serviço.

O homem, todavia, estimulado pelas conquistas ultrajantes em que predominavam as manifestações do instinto, se permitia continuar nas insanas pelejas do ódio, da astúcia, da intriga, embora ocorressem os imediatos malogros nos quais sucumbia.

De um lado, as inspirações divinas, através das *musas*, a se manifestarem nos sábios, nos artistas e filósofos conclamando à beleza, à cultura, à fé. E, simultaneamente, o fogo-fátuo da dominação guerreira, a arder por um dia para logo se consumir em treva densa, na qual as sombras do horror chafurdam no desespero inominável.

O instinto animal lutando por domínio e a inteligência sonhando pela fixação do sentimento e da razão.

O despotismo da força, no entanto, erigia os monumentos que fascinam e despertam a bajulação, o agrado e o engodo das fantasias céleres, mas anestesiantes e absorventes.

...Hoje, porém, ainda é quase assim.

A História se repete invariavelmente, até que os rios das lágrimas lavem todas as purulentas feridas que as paixões produzem, ensejando o nascer da saúde moral.

As grandes lições do passado não parecem ter ensinado às sucessivas gerações o indispensável à felicidade e à paz, de modo a que se evitassem contínuas, demoradas agonias, que se repetem exaustivas, demolidoras...

A moderna "revolução industrial" certamente modificou a técnica da economia universal e estatuiu novos códigos de moral. Simultaneamente, estimulou o relaxamento dos valores éticos e humanos, reduzindo o homem a condição mínima ante as conquistas da máquina.

Indubitavelmente, as mudanças se fazem necessárias, sem que, contudo, sejam destruídas ou subestimadas as aquisições-alicerces da evolução.

Talvez, vencido por incoercível angústia, foi que Voltaire declarou ser a História "uma coleção de crimes, loucuras e desgraças", olvidando as estruturas que arrancaram o homem, a duras penas, da animalidade à civilização.

E os exemplos de renúncia, de bondade, de abnegação e de sacrifício que salmodiam bênçãos em todos os fastos dos tempos?

...Também eram tormentosos aqueles dias.

Então, no fragor de mil angústias e cruentas lutas, no solstício do inverno do ano 1 a.C., nasceu Jesus.[10]

A NOVA ERA — Incompreendido desde os primeiros instantes, a sua é a vida dos feitos heroicos, da renúncia, do sacrifício e do supremo amor.

Anunciado pelos anjos e por eles assessorado, inaugurou desde o berço o período da humildade, em que a vitória do direito se faz legítima ante a prepotência da força.

Elegendo o bucolismo das paisagens verdejantes e a adusta aridez das montanhas, onde o horizonte visual se confunde a distância, entoou o hino mais estoico e nobre que jamais foi

---

[10] As opiniões históricas e da tradição variam. Os estudiosos da cronologia calculam que tal ocorrência se deu entre 4 e 8 a.C., o que afinal não é importante, em se considerando que o essencial é que Ele veio ter conosco. — **Nota da autora espiritual**.

modulado na Terra, de tal modo que nenhum clamor conseguiu abafá-lo ou qualquer tormenta logrou silenciá-lo.

Escolhendo a meditação, em profundos ensimesmamentos, nos quais mergulhava no Oceano do Pensamento Divino, alimentava-se mais da oração de que toda hora se nutria do que do repasto material.

Dispondo de todos os recursos imagináveis, preferiu a simplicidade para assinalar a sua presença e mimetizar os que dele se acercavam, sem que o pudessem esquecer jamais.

Utilizando-se das expressões comuns, suas palavras adquiriram desconhecida vitalidade.

Preferindo a solidão, mas podendo arregimentar exércitos de fiéis servidores, apenas chamou doze companheiros de frágil estrutura cultural e moral, na aparência, para o ministério, modificando os conceitos humanos da Terra e reformulando as bases sociais, culturais e artísticas da Humanidade, desde então.

Jesus, o Divino Sol!

Sem embargo, dialogou e conviveu com aqueles que se deixaram vencer pelos vis miasmas das iniquidades...

Não os censurou, nem os execrou.

Em momento algum os constrangeu ou os magoou.

Ofereceu-lhes mãos amigas, generoso concurso.

Fê-los entender e desejar o dealbar de novos dias de sol e paz, que passaram a anelar, lutando com acendrado esforço por consegui-los.

Sabia que dentre os seus, os escolhidos, havia o barro da fragilidade humana; entretanto, não os amou menos.

Conhecia o travo que deixa na alma as tentações e investiu os que dele se acercavam com recursos poderosos, a fim de pugnarem contra elas, apesar de não ignorar que nem sempre conseguiriam permanecer imunes sob tal guante.

Viveu cercado pela malícia de muitos e experimentou o acicate dos astuciosos, impertérrito, a serviço do Pai.

E amou sempre, incessantemente, por ser o amor a fonte inexaurível da vida.

Diante dos aparentemente grandes da Terra jamais se apequenou e ao lado dos pequenos não os sombreou com a sua grandeza, antes os levantou à categoria de amigos, à nobreza de irmãos.

Tinha a certeza da necessidade de ser imolado... A Terra exigia holocaustos, ainda. Doou-se com imperturbável serenidade.

Nenhuma queixa.

Solicitação alguma fez.

Traído, perdoou.

Abandonado, ligou-se ao Pai.

Conquanto todas as acres aflições experimentadas, retornou ao seio dos amigos atoleimados, ansiosos, saudosos, atestando para eles a excelência da Imortalidade.

Seus ditos, seus feitos ora recordados e estudados, dão a eloquente dimensão da Nova Era que veio implantar, cujos alicerces são o hálito do amor e o pão da caridade.

Libertando as consciências da sombra do egoísmo, conseguiu romper a grilheta dos evos recuados, facultando às criaturas a verdadeira visão do mundo e da vida, o legítimo valor das coisas, dos objetos, das posições.

Sua mensagem de fraternidade igualou todos os homens, cujas diferenças estão nas indestrutíveis e inamovíveis conquistas do espírito imortal, em que o maior se faz servo do menor e o que possui se despoja para socorrer o que não conseguiu reter...

Enquanto as crianças, as mulheres, os velhos, os mutilados e os enfermos constituíam carga inútil, pesando na economia social, Ele inaugurou os dias da misericórdia e da esperança para todos.

Honrou a mulher, soerguendo-a da escravidão que padecia sob os abusos da masculinidade, sustentando-a nas suas aparentes limitações e santificando-a, graças à maternidade.

As crianças foram tomadas como símbolo de pureza.

A viuvez e a dor, sob qualquer disfarce, receberam o bálsamo do alento, da alegria e da oportunidade.

Não construiu um reino de mendigos — antigos potentados; de enfermos — anteriores estroinas da saúde; de atormentados — passados perseguidores; de vencidos — que vinham de vitórias mentirosas; do expurgo social — que antes ultrajava e corrompia —, mas plantou as bases da família universal legítima sem qualquer limite de fronteira, raça ou posição terrena.

Os pródromos da Nova Era nele começaram e se desenvolverão pelo futuro do tempo melhor.

JESUS E ESPIRITISMO — Em face da decadência do pensamento cristão, mediante as naturais injunções humanas através do tempo, deturpações estas esperadas e compreensíveis, em considerando o estágio evolutivo em que se encontrava o homem, Jesus prometeu o *Consolador*, que se encarregaria de restabelecer os ensinos na sua pureza primitiva e completar as necessidades intelectuais das criaturas, no período das investigações científicas e culturais.

Sob a sua direção, as "Vozes dos Céus" voltaram à Terra, a fim de consolar os homens e consolidar neles as aspirações libertadoras.

Sem o perigo de novas injunções negativas, porque o advento do Espírito de Verdade facultaria mais amplas possibilidades de intercâmbio entre as duas esferas da vida, a material e a espiritual, os Espíritos impediriam, no momento propício, as chãs turbações humanas que ameaçassem a sua inteireza doutrinária e moral.

O Espiritismo, portanto, veio restaurar o Cristianismo, e o fato espírita fundamentou a existência de Jesus, repetindo na atualidade as realizações do pretérito, enquanto despiu das fantasias do miraculoso e do sobrenatural os eventos e realizações normais, inusitadas quanto legítimas.

Ao tempo em que sondas e naves espaciais se adentram pelo sistema solar, tentando decifrar-lhe alguns enigmas, e os observatórios radioastrônomicos *escutam* o pulsar das estrelas, buscando a linguagem da vida nelas existente; enquanto instrumentos sensíveis penetram nas partículas infinitesimais, estudando-as e compreendendo a sua constituição, os Espíritos retornam, proclamando a experiência imortalista além da sepultura e a vida inteligente precedente ao berço, em sublime epopeia de inigualável grandeza para o ser humano.

Nem extinção do ser nem sofrimento perene para o Espírito.

Vida estuante, sim, meta-felicidade, vida total!

Confirmando Jesus, Kardec consubstanciou o Paracleto.

Afirmando Kardec, Jesus, pelos Espíritos, voltou à Terra, a ampliar-lhe infinitamente os horizontes na direção das galáxias.

Jesus, o Excelso Rei Solar!

Espiritismo, estrela fulgurante e sempre luminescente no mundo!

[Joanna de Ângelis, *Estudos Espíritas*.]

3.32

A lição do Natal

Qual é o verdadeiro espírito do Natal? Qual a sua mensagem para este mundo aturdido?

Começaremos a entender o conteúdo místico do Natal se nos lembrarmos de que o homem está se deslocando em sentido oposto ao de seus interesses transcendentais. Em vez de caminhar para Deus, tenta afastar-se dele, ignorando sua vontade e os planos elaborados para nós, no traçado invisível da eternidade.

A presença do Cristo entre nós, há quase vinte séculos, tem um significado muito mais profundo, que não pode ser ignorado por aqueles que reestudaram os mecanismos da vida com Allan Kardec. A verdadeira mensagem de Jesus deve ser buscada na doação do seu amor incondicional e na realização da vontade do Pai. O sinal dessa vontade é identificado desde o primeiro momento, às vezes de maneira dramática. A Zacarias, que duvidou, Gabriel anunciou a mudez "até o dia em que se sucedam estas coisas", pois comunicava a chegada do Precursor a um casal senil. Em Maria, a atitude é diferente. Quando o mesmo Gabriel lhe participa a escolha divina, ela não deixou de sentir-se apreensiva ante a grandeza da tarefa, mas confiou, e o elevado ser que a visitava declarou que "nada é impossível para Deus". O coração da jovem aquietou-se, e ela respondeu com uma prece:

— Eis aqui a escrava do Senhor; faça-se em mim segundo a tua palavra.

No ministério de luz, o próprio Cristo reiterou insistentemente essa ideia. Colocou-a na Prece Dominical: "Faça-se a tua vontade, assim na Terra como no Céu." No capítulo VII, versículo 21, Mateus registrou com clareza o seu pensamento: "Não é todo aquele que diga: Senhor! Senhor! que entrará no Reino dos Céus, mas aquele que faça a vontade de meu Pai celestial." Em Marcos (3:35), informa que são seus parentes aqueles que cumprem a vontade de Deus. Em João (4:34), diz que seu alimento "é fazer a vontade daquele que me enviou". Pouco adiante (6:38), declara enfaticamente que baixou do céu não para fazer a sua vontade, mas "a daquele que me enviou".

Talvez por isso, na sua admirável intuição, o primeiro pensamento de Paulo ante a visão esplendorosa é um grito de submissão:

"Senhor, que queres que eu faça?"

Sabia o futuro Apóstolo, desde aquele primeiro instante de renúncia integral ao Cristo, que, entregando-se a Ele, estaria fazendo a vontade do Pai que, até ali, ele amara de maneira equívoca.

Tentar escapar à vontade de Deus é tão desastroso como cruzar os braços diante do conformismo, na esperança apática de que Ele tudo faça por nós.

A cada um de nós, especialmente àqueles que tenham qualquer parcela da responsabilidade que o conhecimento da Doutrina confere, incumbe a mesma pergunta de Paulo, para que não sejamos encontrados lutando contra Deus, como dizia Gamaliel.

Os Espíritos ensinam-nos que estamos no lugar que nos convém, no tempo certo, e na posição adequada aos nossos propósitos; mas estaremos também com a atitude interior conveniente, certa e adequada? Sim, se estivermos realizando em nós a vontade do Pai. Não, se estivermos simplesmente tentando impor a nossa vontade a Ele.

O Natal do Cristo sugere uma revisão de nossas prioridades. É a Lição!...

[*Reformador*, dez. 1975. Editorial.]

3.33

Pelo Natal

Ainda uma vez, a mais grandiosa data dos fastos humanos, a do advento do Salvador da Humanidade, passa quando o mundo se encontra afogado nos inconcebíveis horrores da mais cruel e pavorosa carnificina que já se desenrolou na sua superfície, tudo indicando que nenhum ponto ficará nele imune das devastações e dos morticínios que o assolam, na mais alucinada manifestação do orgulho e do egoísmo que pode conter a alma das míseras criaturas terrenas. É como se estas se houvessem posto à porfia, para demonstrar que votam ao desprezo máximo a ideia da existência de um Deus criador de todas as coisas e, mais ainda, de um Deus soberanamente justo, bom e misericordioso, qual o que o seu Cristo revelou há dois mil anos, chegando a afirmar: quem me vê a mim também vê o Pai, que me enviou. Porque, de fato, quem com os olhos d'alma o vê, por meio das suas sublimadas exemplificações de justiça, de bondade e de amor, certamente, como, aliás, a um sem-número de almas simples e humildes acontece, também vê, por assim dizer, a personificação da Divindade que lhe cometeu o encargo de apontar o caminho da salvação a todos os transviados.

Entretanto, mesmo dentro da noite escura que presentemente envolve com seu negro manto a terra, sempre que, sentindo abrir-se-lhe o coração num anseio de redenção do cativeiro a que seus erros e crimes o condenaram, para receber o orvalho de luz que do Céu desce, o crente sincero pronuncia estas duas sílabas, claras, límpidas, sonoras: Natal! Elas lhe ressoam no íntimo do ser, qual cântico de serafins, qual dulcíssimo hino de amor e de glória, qual sinfonia da Natureza em festa, ao despontar de serena e fulgurante madrugada.

É que, graças à ilimitada projeção do evento sem par, que foi o aparecimento do "Filho de Deus" neste pequenino e insignificante orbe, proferi-las, nessa condição espiritual, é evocar a meiga e pulcra figura do glorioso Nazareno, é escutar, no maior enternecimento de todo o ser, as harmonias incomparáveis que de seus lábios puríssimos jorraram, sublimando a humildade, o perdão, a piedade, divinizando o amor.

Que é o que, em verdade, significa Natal, senão a projeção intensíssima da luz divina no trevoso abismo das paixões e misérias humanas? Duas palavras são estas: Natal, Jesus, que assinalam pontos extremos da trajetória que a lei de evolução traçou a todos os seres: nascer na simplicidade e na ignorância e ascender ao fastígio da pureza e da sabedoria.

Ainda, infelizmente, poucos são, no seio da humanidade terrena, os que as sabem pronunciar de tal maneira, porque ainda bastante espessa é a névoa de maldade que a asfixia, impedindo-lhe a percepção do claror imenso daquela luz, obstando-lhe a audição das célicas melodias que dos seus raios cascateiam do espaço infinito, privando-a da contemplação dos deslumbrantes panoramas que da sua irisação emergem.

Atormentada, porém, martirizada pelas consequências das suas mesmas paixões, desiludida dos remédios do mundo, a alma humana, afinal, num angustioso estertor, na ânsia aflitiva de um conforto que lhe não vem de parte alguma, brada, em seu desalento — Jesus! E jamais esse brado deixou de ser para ela o mágico talismã da consolação e da esperança, quando parte dos seus refolhos mais profundos.

Quão tardo, no entanto, é o homem no lançar do peito esse apelo sentido àquele que só aguarda escutá-lo, para, comprovando a justeza destas palavras: "Bem-aventurados os que gemem e choram porque serão consolados", oferecer ao aflito o lenitivo que o aliviará das torturas a que o submete o tratamento das suas chagas morais!

Mas por isso mesmo que ele se mostrou até agora tão retardio em querer ser aliviado, é que as suas aflições, amarguras e angústias se hão tornado mais e mais vivas e se alastram, enrodilhando-o de todas as partes em seus tentáculos, como presentemente sucede.

Assim, o dia de Natal, rememorativo da descida de Jesus, dos céus à terra, de novo passará, nesta época de profunda transformação da nossa vida planetária, como de tantas outras vezes, em meio de um coro inenarrável de gemidos, de soluços, de imprecações e desesperos, ensombrado pela nuvem sanguínea de lutas cruentíssimas e hediondas entre irmãos, recoberto pelos largos crepes da viuvez e da orfandade, cumulado de crimes e de agonias.

Contudo, por sobre esse vasto estendal de sofrimentos, em que se debate a insana Humanidade, paira de contínuo, acariciando-a, o amoroso olhar do meigo Rabi, à espera do instante próximo em que o homem, convencido de que seus males atuais representam a colheita do que semeou no passado, implore com sinceridade e fervor a misericórdia do Pai celestial.

As trevas, nesse instante, se dissiparão para toda ela, como já têm dissipado para tantos e tantos de seus membros, dispersadas pela claridade ofuscante das verdades evangélicas, compreendidas em seu espírito, segundo o Espiritismo, o Consolador prometido.

Então, num anelo ardente e unânime de perdão, de reconforto e de paz, voltada para o Divino Pastor, que terá deixado de ser alvo das suas contradições, a Humanidade inteira lhe abrirá os escaninhos da alma, a fim de que Ele os encha com os eflúvios da fé viva e da sua caridade inesgotável.

A partir daí, não mais verá o homem, quando exclamar: — Natal! abafado o eco da sua voz pelo estridor das paixões em fúria, nem sentirá que lhe morreram na garganta, em golfadas de sangue, essas duas sílabas claras, límpidas, sonoras.

Por outro lado, o dia do Natal de Jesus deixará de ser motivo de festas mundanas, de expansões de uma alegria fementida, ou entrecortada de ais e pranto sopitado, um pretexto de cerimônias idólatras, para ser um dia de arroubos santos, um dia em que, sob a auréola refulgente de pensamentos puros, impregnados do sentimento da verdadeira fraternidade, todos os Espíritos se expandirão, aqui e no além, num enlevo de amor, a entoar do imo de si mesmos: Glória a Deus nas maiores alturas! Paz, na Terra e no universo inteiro, a todos os seres por Ele criados! Glória a Jesus, o seu Cristo, nosso único Senhor e único Mestre!

[*Reformador*, dez. 1941. Editorial.]

3.34

O Natal do Cristo

Todos os anos a Humanidade dita cristã celebra bulhentamente o Natal do Cristo, evocando as cenas tradicionais do presepe divinizado pela presença do Redentor do mundo.

Os templos se enchem de fiéis, que vão levar a Jesus a oferenda de sua fé; os corações vibram de alegria, realizando a prece muda e eloquente do sentimento. Os homens que se deixaram separar pelo egoísmo e por preconceitos de natureza vária confraternizam durante algumas horas. Nos lares bafejados pela fortuna, o riso se desata, livre, enquanto em outros, onde a miséria pontifica e a dor tiraniza, a comemoração do Natal se faz em comovedor silêncio, muita vez entrecortado de lágrimas ardentes. Mesmo nestes, onde a fome e o desconforto se unem, o Natal é lembrado com emoção. A mesa está vazia, a casa impregnada de tristeza, mas um raio de esperança resignada perpassa os sofredores, incutindo-lhes mais fé e mais coragem na áspera e ingente luta que sustentam, seguindo a escala de suas provações.

Natal!

Quando o homem compreender a sublimidade das lições evangélicas, o Natal de Jesus será comemorado todos os dias. Não mais se esperará um ano para glorificar o Mestre por meio do exibicionismo de atos de caridade mal sentida; não se esperará tanto para demonstrar espírito fraterno, para deitar um olhar menos duro sobre aqueles que morrem lentamente, corroídos por enfermidades terríveis, famintos e seminus, abandonados nas sarjetas imundas, esquecidos nos bancos de jardim, nos casebres ocultos em socavões de morros vergastados pelo vento e nas favelas que desafiam a lei de gravidade, onde proliferam endemias.

Natal!

Ó Jesus, Mestre e Irmão, Irmão e Amigo! Compadece-te de nós, permite que a tua misericórdia, uma vez mais, além de tantas em que já a desfrutamos, desça sobre a Humanidade volúvel e rebelde, envolvendo-a na luz do teu Evangelho! Perdoa, Jesus, a nossa impenitência! Torna-nos mais humanos, cristãos em espírito e verdade, para que possamos festejar-te, ó Mestre, não nos templos de alvenaria, não em solenidades mundanas, mas nos templos do coração, onde o sentimento fortalece as obras de amor e caridade!

Natal!

Deixaste no Evangelho todo um código de assistência social, baseado no amor ao próximo, na exemplificação da caridade em suas múltiplas formas. Permite que transformemos o teu

Natal numa festa perene de evangelização, na qual cultivemos a cada instante as virtudes que pregaste!

Que nos adianta celebrar com espavento a tua descida à Terra, se de ti nos esquecemos nos demais dias? De que nos vale o título de cristão, se pensamos e agimos contra a tua ética, Senhor?! De que nos serve patentear publicamente, uma vez por ano, sentimentos de piedade, se matamos o nosso próximo, nos outros dias, com a nossa farisaica indiferença? Eis por que, Jesus, precisamos também de caridade, cegos que somos às lições sublimes da Boa Nova! A tua bondade, que se estende sobre todos os humanos, indistintamente, confortando o fraco, encorajando o desalentado, aliviando o sofredor, alentando o forte para que não abuse de sua força, venha também, ó Mestre, por sobre nós! Queremos amar-te, mas não sabemos exercer o amor puro que predicaste em tua gloriosa peregrinação terrena! Jesus, a nossa ignorância é maior que a nossa maldade, mas já aprendemos que a felicidade mora no coração dos simples, está no riso franco dos que não têm orgulho, no sorriso ingênuo e confiante da infância, no heroísmo extraordinário dos que sabem sofrer resignadamente suas mais acerbas dores e viver discretamente suas parcas alegrias!

Natal!

Glória ao teu nome, Jesus! Que os nossos corações se constituam em templos augustos das comemorações do teu Natal, a todos os instantes de nossa vida, a fim de que possas ressuscitar em nós, que te crucificamos com os nossos pensamentos pecaminosos e as nossas ações malévolas!

Perdoa-nos, Cristo! Acredita em nossa sincera resipiscência e permite que te evoquemos o santo nome, Imaculado Mestre!

Glória a Deus nas alturas e paz na Terra a todos os seres!

[Indalício Mendes. *Reformador*, dez. 1945.]

3.35

Lembrança de Natal

No Natal do Senhor, recordemos-lhe as palavras divinas:

"Bem-aventurados os humildes de espírito, porque deles é o reino dos céus. Bem-aventurados os que choram, porque serão consolados. Bem-aventurados os mansos, porque herdarão a terra. Bem-aventurados os que têm fome e sede de justiça, porque serão fartos. Bem-aventurados os misericordiosos, porque alcançarão misericórdia. Bem-aventurados os limpos de coração, porque verão a Deus. Bem-aventurados os pacificadores, porque serão chamados filhos de Deus. Bem-aventurados os perseguidos por causa da justiça, porque deles é o reino dos céus. Bem-aventurados sereis quando, por minha causa, vos injuriarem e vos perseguirem e, mentindo, disserem todo mal contra vós. Regozijai-vos e exultai, porque será grande o vosso galardão nos céus, pois assim perseguiram aos profetas que viveram antes de vós. Amai os vossos inimigos, fazei o bem aos que vos odeiam, bendizei os que vos maldizem, orai pelos que vos insultam. Ao que vos bate numa face, oferecei também a outra; ao que vos arranca o manto, não recuseis a túnica. Dai ao que vos pedir e nada reclameis de quem vos tirar o que é vosso. Como quereis que os homens vos façam, assim fazei-lhes vós a eles. Sede misericordiosos, como vosso Pai é misericordioso. Não julgueis, e não sereis julgados; não condeneis, e não sereis condenados; perdoai e sereis perdoados. Dai e dar-se-vos-á: derramarão em vosso regaço uma medida boa, calcada e transbordante, porque a medida com que medirdes os outros será a mesma com que vos medirão a vós. A árvore se conhece pelo seu fruto. Não se colhem figos dos espinheiros, nem se vindimam uvas dos abrolhos. Brilhe a vossa luz diante dos homens, para que vejam as vossas boas obras e glorifiquem a vosso Pai que está nos céus. Se ao trazerdes ao altar a vossa oferta, ali vos lembrardes de que vosso irmão tem alguma coisa contra vós, deixai perante o altar a vossa oferta, ide primeiro reconciliar-vos com o vosso irmão, e depois, voltando, fazei vossa oferenda. Guardai-vos de exercer a vossa justiça diante dos homens, com o fim de serdes vistos por eles. Quando derdes esmola, não toqueis trombeta diante de vós, como fazem os hipócritas, nas sinagogas e nas ruas, para serem glorificados. Não saiba a vossa mão direita o que faz a esquerda, para que a vossa esmola fique em segredo; e vosso Pai, que vê o que se passa em segredo, vos recompensará. Quando orardes, entrai no vosso quarto e, fechada a porta, falai com o vosso Pai. Quando jejuardes, não vos mostreis contristados, como os que desfiguram o rosto para ser honrados pelos outros. Não acumuleis para vós tesouros na terra, onde a traça e a ferrugem podem corroê-los e onde os ladrões podem roubá-los, mas ajuntai tesouros no céu, porque onde estiver o vosso tesouro, aí estará também o vosso coração. Dai de graça o que de graça recebeis. Não se perturbe o vosso coração: credes em Deus, crede também em mim. Na casa do meu Pai há muitas moradas... Se me amais, guardai o meu mandamento. Meu mandamento é este: que vos ameis uns aos outros, como eu vos amei. Não vos deixarei órfãos. A paz vos deixo, a minha vos dou. Não vo-la dou como a dá o mundo. Não desfaleça, pois, o vosso coração. Permanecei no meu amor. Quando vier o Consolador, que eu enviarei da parte do Pai, o Espírito da Verdade dará testemunho de mim. Tenho ainda muito o que vos dizer, mas vós não o podeis suportar ainda. Quando vier, porém, o Espírito da Verdade, ele vos guiará a toda a verdade, porque não falará por si mesmo, mas dirá tudo quanto houver ouvido de mim e vos anunciará as coisas que hão de vir. Os reis dos povos dominam sobre eles e os que exercem autoridade são chamados de benfeitores. Mas, entre vós, o maior será o que se fizer servo de todos e aquele que dirige será como o que serve. Entre vós, eu sou aquele que serve. Andai enquanto tendes luz, para que as trevas não vos apanhem. Quem anda nas trevas não sabe para onde vai. Eu sou a luz do mundo, mas se alguém ouvir as minhas palavras e não as guardar, eu não o julgarei, porque não vim para julgar o mundo, e sim para salvá-lo. Quem me rejeita e não recebe as minhas palavras tem quem o julgue, porque a própria palavra que digo o julgará no último dia. Se eu, sendo Mestre e Senhor, vos lavo os pés, deveis lavar-vos os pés uns aos outros. Eu vos dei o exemplo, para que, como vos fiz, façais vós também. Em verdade vos digo que não é o servo maior que o seu senhor, nem o enviado maior que aquele que o enviou. Se, pois, sabeis essas coisas, bem-aventurados sereis se as praticardes."

[*Reformador*, dez. 1978. Editorial.]

3.36

Natal

Aniversário de Jesus.

Os povos do mundo, desarmados e felizes, deveriam confraternizar-se nesta data, para saudar o Príncipe da Paz e receber-lhe as bênçãos divinas, mas o mundo, encharcado de sangue e fumegante de pólvora, está aflito e sem paz.

Inda perdidos na ilusão das conquistas transitórias e na falácia das hegemonias raciais, agridem-se os indivíduos e as nações, na mútua flagelação dos órfãos da esperança, disputando desesperadamente sangrentos troféus de triunfos enganosos.

Mas isso também passa, e passará muito em breve para sempre, porque a grande noite apocalíptica que se aproxima deverá ser o termo final deste nosso planetário desvario.

Escudados na fé que nos anima, confiemos na sabedoria e na misericórdia do Altíssimo, e nos guardemos em paz, no trabalho que nos compete, porque a dominação aparente do Mal não conseguirá sustentar-se tempo em fora.

Quando a perigosa insensatez do aventureirismo inconsciente ultrapassar os limites da relativa segurança geral, os homens, assustados e sofridos, entenderão finalmente que não haverá recurso de sobrevivência fora da conciliação e da fraternidade.

Tal como os perdulários da saúde, ao sentir os tentáculos da morte, trocam depressa a velha postura orgulhosa pelos aflitos apelos às medicações salvadoras, assim também os arautos da violência e do egoísmo, ao sentirem-se perdidos, não encontrarão alternativa senão a de ajustar-se aos roteiros do Evangelho, na rendição feliz ao amor que alivia e salva.

Quando isso acontecer, o Natal do Senhor será no mundo uma festa de luz, felicidade e paz. Então Jesus renascerá na Terra, não mais na solidão de uma tosca estrebaria, mas no próprio coração de cada ser humano.

[*Reformador*, dez. 1990. Editorial.]

3.37

Novo Natal

Termina o segundo ano da década final deste milênio, em cujo tumultuoso transcurso começaram a desmoronar os carcomidos alicerces desta civilização em ruínas.

Atônito e aflito, o mundo chegou a sentir-se à beira de funesto holocausto nuclear, das mais terríveis consequências.

Multidões foram cruelmente chacinadas em atos de guerra ou terrorismo no Oriente Médio, no Ártico e na Ásia. Miséria e fome assolaram populações desesperadas, em meio a confrontos tribais sanguinolentos.

A criminalidade desbordou-se em sequestros, drogas e assassinatos de crianças.

A Natureza, longamente agredida, reagiu em toda parte, com secas e alagamentos, terremotos e tornados, ativando maremotos e vulcões.

Apesar disso, pairou sobre o planeta o permanente poder salvador da misericórdia divina, sustentando na Terra a vida e a paz.

Os gênios da destruição não conseguiram operar a sinistra deflagração dos artefatos atômicos. Nem os gigantescos derrames de petróleo nos oceanos ou os incêndios colossais em portentosas florestas foram suficientes para extinguir no orbe a flora e a fauna.

O fracasso monumental das ideologias políticas ateias, em vez de resultar no império do caos, abriu ensejo a uma solidariedade mundial inédita e saudável, em clima de drástica redução de antagonismos e armamentos.

A Humanidade começou a entender a lição da fraternidade, sentindo pela primeira vez na história os perigos reais do egoísmo e da violência, o imenso risco dos descalabros sociais e a ameaça letal das guerras devastadoras.

O Cristo prepara o terreno planetário para nele implantar definitivamente o Reino de Deus.

É o seu Novo Natal, em espírito e verdade.

[*Reformador*, dez. 1991. Editorial.]

3.38

Natal

Quando, sentindo que o coração se lhe abre, num anseio de redenção, para receber o orvalho de luz que do céu desce, o crente sincero articula essas duas sílabas claras, límpidas, sonoras, elas lhe soam aos ouvidos como um cântico de serafins, como suavíssimo hino de amor e de glória, como um acorde da Natureza em festa ao despontar de serena e fulgurante madrugada. Por quê? Porque pronunciá-las assim é evocar a dulcíssima e pulcra figura do Cristo, é escutar, no maior enternecimento d'alma, as harmonias incomparáveis que de seus lábios puríssimos jorraram, sublimando a humildade, o perdão, a piedade, divinizando o amor.

Natal! Assim se exprime a projeção intensa da luz divina no trevoso abismo das misérias humanas.

Natal! Jesus! Estas duas palavras assinalam pontos extremos da trajetória que a lei da evolução traçou aos seres: nascer na simplicidade e na ignorância e ascender aos cumes da sabedoria e da pureza.

Desgraçadamente, ainda de tal maneira não as sabe proferir a pobre humanidade terrena, porque ainda bem espessa é a névoa de maldade que a envolve, impedindo-lhe a percepção do clarão imenso daquela luz, vedando-lhe a audição das célicas melodias que cascateiam do alto nos seus raios, privando-a da contemplação dos maravilhosos panoramas formados pela sua irisação. Porém, atormentada, martirizada pelas consequências de suas mesmas paixões, desiludida dos remédios do mundo, a alma humana, por fim, num estertor angustioso, na ânsia de um socorro que lhe não vem de parte alguma, brada sempre — Jesus! E esse brado nunca deixou de ser para ela o mágico talismã da consolação e da esperança.

Mas quão tardo é o homem em lançar do peito esse apelo sentido àquele que só espera escutá-lo para oferecer ao aflito o lenitivo que o aliviará das torturas a que o sujeita o tratamento das suas chagas morais pela dor, pelas tribulações, pelas amarguras! Por isso mesmo que ele se mostrou até aqui tão retardio em querer ser aliviado e curado é que suas aflições se hão tornado mais e mais intensas e se alastram, enrodilhando-o de todas as partes em seus tentáculos.

Assim, o dia comemorativo do Natal, de Jesus, nesta época precursora de uma transformação profunda na nossa vida planetária, passará ainda, como tantos outros, em meio de um coro de gemidos, de soluços, de imprecações, ensombrado pela nuvem sanguínea das lutas cruentas entre irmãos, enlutado pelos largos crepes da viuvez e da orfandade, cumulado de misérias e agonias.

Entretanto, por sobre este vasto estendal de sofrimentos, em que se debate a mísera Humanidade, paira, acariciando-a com o seu olhar amoroso, o meigo Nazareno, à espera do instante próximo em que o homem, convencido de que seus males atuais representam a colheita do que semeou no passado, implore a misericórdia de Deus.

Nesse instante, as trevas se dissiparão para toda ela, como já se têm dissipado para tantos e tantos de seus membros, batidas pelas deslumbrantes claridades das verdades evangélicas compreendidas em espírito, segundo a revelação espírita. E a Humanidade inteira, num anelo unânime de perdão, de conforto e de paz, voltada para o Divino Pastor, que então terá deixado de ser alvo das suas contradições, lhe abrirá os escaninhos da alma, a fim de que ele os encha com o bálsamo da fé e da sua caridade.

E não mais, quando exclamar — Natal! verá o homem o eco da sua voz abafado pelo estridor das paixões em fúria, nem sentirá que lhe morrem na garganta, afogadas em sangue, essas duas sílabas claras, límpidas, sonoras.

De então em diante, o dia do Natal de Jesus deixará de ser motivo de festas mundanas, de expansões de uma alegria fementida, ou entrecortada de suspiros, senão de soluços, um pretexto de cerimônias idólatras, para ser um dia de arroubos santos, um dia em que, sob a auréola fulgente de pensamentos puros, impregnados do sentimento da verdadeira fraternidade, todos os espíritos, aqui e no além, se expandirão num enlevo de amor, a entoar do íntimo de si mesmos: Glória a Deus nas maiores alturas! Paz, na Terra e no Espaço, a todos os seres por Ele criados! Louvores a Jesus, seu filho amado, seu Cristo, nosso rei e único Mestre.

[*Reformador*, dez. 1980. Editorial; *Reformador*, dez. 1921.]

4

MENSAGENS

4.1

Natal espírita

1. No dia maior da Cristandade, roguemos a inspiração de Jesus para nossos caminhos.

2. Recordemos que a manjedoura é, sobretudo, imperioso convite à humildade.

3. Evite excessos festivos.

4. Não entregue a seu filho essa ou aquela dádiva suscetível de incliná-lo à preguiça ou à violência.

5. Divida com os irmãos necessitados alguma parcela dos seus recursos.

6. Visite em pessoa os companheiros detidos em provações maiores.

7. Se puder obsequiar os amigos, ofereça-lhes algo de útil, sem laivos de vaidade.

8. Fuja das excursões barulhentas, ainda mesmo a pretexto de fé.

9. Proteja os animais contra a matança desnecessária.

10. Não critique os que distribuem migalhas de conforto por amor ao Cristo, de vez que todos os que andam exigindo auxílio imediato e integral aos necessitados, sem nada fazer, são vozes brilhantes da estaca zero, impedindo nos outros a felicidade de começar a viver e servir com Jesus.

André Luiz

[Página recebida pelo médium Waldo Vieira, na noite de 24.10.1963, em Uberaba (MG). *Reformador*, dez. 1963; *Reformador*, dez. 1984.]

4.2

Com Jesus

A renúncia será um privilégio para você.

***

O sofrimento glorificará sua vida.

***

A prova dilatará seus poderes.

***

O trabalho constituirá título de confiança em seu caminho.

***

O sacrifício sublimará seus impulsos.

***

A enfermidade do corpo será remédio salutar para a sua alma.

***

A calúnia lhe honrará a tarefa.

***

A perseguição será motivo para que você abençoe a muitos.

***

A angústia purificará suas esperanças.

***

O mal convocará seu espírito à prática do bem.

***

O ódio desafiar-lhe-á o coração aos testemunhos de amor.

***

A Terra, com os seus contrastes e renovações incessantes, representará bendita escola de aprimoramento individual, em cujas lições purificadoras deixará você o egoísmo para sempre esmagado.

[André Luiz, *Agenda Cristã*.]

4.3

Perante Jesus

Em todos os instantes, reconhecer-se na presença invisível de Jesus, que nos ampara nas obras do Bem Eterno.

Aceitou-nos o Cristo de Deus desde os primórdios da Terra.

***

Nos menores cometimentos, identificar a Vontade Superior, promovendo em toda parte a segurança e a felicidade das criaturas.

Cada coração humano é uma peça de luz potencial, e Jesus é o Sublime Artífice.

***

Lembrar-se de que o Senhor trabalha por nós sem descanso.

Repouso indébito, deserção do dever.

***

Sem exclusão de hora ou local, precaver-se contra o reproche e a irreverência para com a Divina Orientação.

O acatamento é prece silenciosa.

***

Negar-se a interpretar o Eterno Amigo por vulgar revolucionário terreno.

Reconheçamo-lo como a luz do mundo.

***

Renunciar às comemorações natalinas que traduzam excessos de qualquer ordem, preferindo a alegria da ajuda fraterna aos irmãos menos felizes como louvor ideal ao Sublime Natalício.

Os verdadeiros amigos do Cristo reverenciam-no em espírito.

***

Identificar a posição que lhe cabe em relação a Jesus, o Emissário de Deus, evitando confrontos inaceitáveis.

O homem que exige seja o Cristo igual a ele pretende, vaidosamente, nivelar-se com o Cristo.

***

Em todas as circunstâncias, eleger, no Senhor Jesus, o Mestre invariável de cada dia.

Somos o rebanho, Jesus é o Divino Pastor.

"E tudo quanto fizerdes, fazei-o de todo o coração, como ao Senhor, e não aos homens." — *Paulo.*
(*Colossenses*, 3:23.)

[André Luiz, *Conduta Espírita*.]

4.4

Natal permanente

Deus é Uno, Indivisível, Eterno, Poderoso.

A união dos homens, num elo de amor, tornará a Humanidade abençoada e poderosa.

Veio o Mestre unir os corações, proclamando na Lei do amor ao próximo a ventura perene. Entregou o Sublime Mensageiro do Pai as nações do mundo a diversos emissários de seu amor.

No Brasil, Ismael proclama a união dos espíritos, estabelecendo e organizando programas que se ampliam de tal forma que, um dia, todas as criaturas no solo brasileiro cantarão para o planeta as glórias da fraternidade legítima.

Reconduzidos ao aprisco do Senhor, erguemo-nos hoje como aprendizes da Verdade soberana revelada pelo Messias, a ensinar aos povos a grandeza da vida, a certeza da imortalidade e o amor inconfundível e providencial de um Pai justo e amorável.

Rasgam-se os véus da letra, com a presença sacrossanta do Consolador, e os discípulos do Sublime Amor sintetizam a responsabilidade suprema de unir sempre mais, unir intensamente.

Corporificando a Doutrina Reveladora, Ismael agita sua flâmula de união no solo brasileiro, fazendo vicejar a árvore do Evangelho com seus frutos sazonados, para que os povos conheçam a Verdade e por meio da Verdade alcancem a libertação, caminhando para os rumos gloriosos do Infinito.

Unamo-nos, hoje e sempre.

Quando as catedrais do Infinito celebram com a Terra a solene presença do Mestre entre nós, procuremos sintonizar nossos corações na música divina da fraternidade, vivendo o excelso amor de nosso Mestre, em espírito e verdade.

Avancemos. Unamo-nos todos.

Todo o solo brasileiro está fecundado de divinas e luminosas sementes. Ajudemos, auxiliemos tanto quanto possível e o Natal do Senhor será a permanente presença da luz sempiterna entre nós e em nós.

Bezerra

[Página recebida pela médium Maria Cecília Paiva, na sessão pública de 21.12.1971, na Federação Espírita Brasileira, Seção – Rio. *Reformador*, dez. 1972.]

4.5

Natal

"Glória a Deus nas Alturas, paz na Terra e boa vontade para com os homens."

(*Lucas*, 2:14.)

As legiões angélicas, junto à Manjedoura, anunciando o Grande Renovador, não apresentaram qualquer palavra de violência.

Glória a Deus no Universo Divino.

Paz na Terra.

Boa vontade para com os homens.

O Pai Supremo, legando a nova era de segurança e tranquilidade ao mundo, não declarava o Embaixador Celeste investido de poderes para ferir ou destruir.

Nem castigo ao rico avarento.

Nem punição ao pobre desesperado.

Nem desprezo aos fracos.

Nem condenação aos pecadores.

Nem hostilidade para com o fariseu orgulhoso.

Nem anátema contra o gentio inconsciente.

Derramava-se o Tesouro Divino, pelas mãos de Jesus, para o serviço da Boa Vontade.

A justiça do "olho por olho" e do "dente por dente" encontrara, enfim, o Amor disposto à sublime renúncia até a cruz.

Homens e animais, assombrados ante a luz nascente na estrebaria, assinalaram júbilo inexprimível...

Daquele inolvidável momento em diante a Terra se renovaria.

O algoz seria digno de piedade.

O inimigo converter-se-ia em irmão transviado.

O criminoso passaria à condição de doente.

Em Roma, o povo gradativamente extinguiria a matança nos circos. Em Sídon, os escravos deixariam de ter os olhos vazados pela crueldade dos senhores. Em Jerusalém, os enfermos não mais seriam relegados ao abandono nos vales de imundície.

Jesus trazia consigo a mensagem da verdadeira fraternidade e, revelando-a, transitou vitorioso do berço de palha ao madeiro sanguinolento.

Irmão, que ouves no Natal os ecos suaves do cântico milagroso dos anjos, recorda que o Mestre veio até nós para que nos amemos uns aos outros.

Natal! Boa Nova! Boa Vontade!...

Estendamos a simpatia para com todos e comecemos a viver realmente com Jesus, sob os esplendores de um novo dia.

[Emmanuel, *Fonte Viva*.]

4.6

Louvor do Natal

Senhor Jesus!

Quando vieste ao mundo, numerosos conquistadores haviam passado, cimentando reinos de pedra com sangue e lágrimas.

Na retaguarda dos carros de ouro e púrpura, em que lhes fulgia a vitória, alastravam-se, como rastros da morte, a degradação e a pilhagem, a maldição do solo envilecido e o choro das vítimas indefesas.

Levantavam-se, poderosos, em palácios fortificados, e faziam leis de baraço e cutelo, para serem, logo após, esquecidos no rol dos carrascos da Humanidade.

Entretanto, Senhor, nasceste nas palhas e permaneceste lembrado para sempre.

Ninguém sabe até hoje quais tenham sido os tratadores de animais que te ofertaram esburacada manta por feito simples, e ignora-se quem foi o benfeitor que te arrancou ao desconforto da estrebaria para o clima do lar.

Cresceste sem nada pedir que não fosse o culto à verdadeira fraternidade.

Escolheste vilarejos anônimos para a moldura de tua palavra sublime... Buscaste para companheiros de tua obra homens rudes, cujas mãos calejadas não lhes favoreciam os voos do pensamento. E conversaste com a multidão, sem propaganda condicionada.

No entanto, ninguém conhece o nome das crianças que te pousaram nos joelhos amigos, nem das mães fatigadas a quem te dirigiste na via pública!

A História, que homenageava Júlio César, discutia Horácio, enaltecia Tibério, comentava Virgílio e admirava Mecenas, não te quis conhecer em pessoa, ao lado de tua revelação, mas o povo te guardou a presença divina, e as personagens de tua epopeia chamam-se "o cego Bartimeu", "o homem de mão mirrada", "o servo do centurião", "o mancebo rico", "a mulher cananeia", "o gago de Decápolis", "a sogra de Pedro", "Lázaro, o irmão de Marta e Maria"...

Ainda assim, Senhor, sem finanças e sem cobertura política, sem assessores e sem armas, venceste os séculos e estás diante de nós, tão vivo hoje quanto ontem, chamando-nos o espírito ao amor e à humildade que exemplificaste, para que surjam, na Terra, sem dissensão e sem violência, o trabalho e a riqueza, a tranquilidade e a alegria, como bênção de todos.

É por isso que, emocionados, recordando-te a manjedoura, repetimos em prece:

— Salve, Cristo! os que aspiram a conquistar desde agora, em si mesmos, a luz de teu Reino e a força de tua paz, te glorificam e te saúdam!...

[Emmanuel, *Religião dos Espíritos.*]

4.7

Recordação do Natal

Não permitas que o júbilo do Natal vibre em teu coração à maneira de uma lâmpada encarcerada...

Toma o facho de luz que a mensagem do Céu acende ao redor de teus passos e estende-lhe a claridade sublime.

Não te detenhas.

Avança com alegria e humildade.

Se a fé resplandece em teu santuário interior, que importam a ventania e o temporal?

O Sol, cada manhã, penetra os recôncavos do abismo sem contaminar-se.

Segue, invencível em tua esperança e sereno em tua coragem, sob a inspiração da fraternidade e da paz!...

Sê um raio estelar da sabedoria para a noite da ignorância; sê a gota de orvalho da consolação e do carinho que diminua a tensão do sofrimento por onde passes; sê o fio imperceptível da compreensão e do auxílio que dissipe o nevoeiro da discórdia; sê a frase simples e boa que ajude e reconforte, onde o fogo do mal esteja crestando as flores do bem...

Um sorriso realiza milagres.

Um gesto amigo ampara a multidão.

Com algumas palavras, o Cristo articulou o roteiro regenerativo do mundo e com a bênção da própria renúncia retificou os caminhos da Humanidade.

Renovam-se no Natal as vibrações da Estrela do Amor que exaltou com Jesus a glorificação a Deus e ao reino da boa vontade entre os homens.

Jamais ensurdeçamos ante o apelo celestial que se repete.

Ampliemos a comunhão fraterna e louvemos a cooperação porque, anualmente, o Cristo nos requisita a verdadeira solidariedade, a fim de que, em nos tornando mais irmãos uns dos outros, possa Ele nascer, em espírito, na manjedoura do nosso coração, transformando em incessante e divino Natal todos os dias da nossa vida.

[Emmanuel, *Relicário de Luz.*]

4.8

Jesus veio

"Mas aniquilou-se a si mesmo, tomando a forma de servo, fazendo-se semelhante aos homens."

Paulo (*Filipenses*, 2:7.)

Muitos discípulos falam de extremas dificuldades por estabelecer boas obras nos serviços de confraternização evangélica, alegando o estado infeliz de ignorância em que se compraz imensa percentagem de criaturas da Terra.

Entretanto, tais reclamações não são justas.

Para executar sua divina missão de amor, Jesus não contou com a colaboração imediata de Espíritos aperfeiçoados e compreensivos, e sim "aniquilou-se a si mesmo, tomando a forma de servo, fazendo-se semelhante aos homens".

Não podíamos ir ter com o Salvador, em sua posição sublime; todavia, o Mestre veio até nós, apagando temporariamente a sua auréola de luz, de maneira a beneficiar-nos sem traços de sensacionalismo.

O exemplo de Jesus, nesse particular, representa lição demasiado profunda.

Ninguém alegue conquistas intelectuais ou sentimentais como razão para desentendimento com os irmãos da Terra.

Homem algum dos que passaram pelo orbe alcançou as culminâncias do Cristo. No entanto, vemo-lo à mesa dos pecadores, dirigindo-se fraternalmente a meretrizes, ministrando seu derradeiro testemunho entre ladrões.

Se teu próximo não pode alçar-se ao plano espiritual em que te encontras, podes ir ao encontro dele, para o bom serviço da fraternidade e da iluminação, sem aparatos que lhe ofendam a inferioridade.

Recorda a demonstração do Mestre Divino.

Para vir a nós, aniquilou a si próprio, ingressando no mundo como filho sem berço e ausentando-se do trabalho glorioso, como servo crucificado.

[Emmanuel, *Caminho, Verdade e Vida.*]

4.9

Plataforma do Mestre

"Ele salvará seu povo dos pecados deles."
(*Mateus*, 1:21.)

Em verdade, há dois mil anos, o povo acreditava que Jesus seria um comandante revolucionário, como tantos outros, a desvelar-se por reivindicações políticas, à custa da morte, do suor e das lágrimas de muita gente.

Ainda hoje, vemos grupos compactos de homens indisciplinados que, administrando ou obedecendo, se reportam ao Cristo, interpretando-o qual se fora patrono de rebeliões individuais, sedento de guerra civil.

Entretanto, do Evangelho não transparece qualquer programa nesse sentido.

Que Jesus é o Divino Governador do planeta não podemos duvidar. O que fará Ele do mundo redimido ainda não sabemos, porque ao soldado humílimo são defesos os planos do General.

A Boa Nova, todavia, é muito clara quanto à primeira plataforma do Mestre dos mestres. Ele não apresentava títulos de reformador dos hábitos políticos, viciados pelas más inclinações de governadores e governados de todos os tempos.

Anunciou-nos a celeste revelação que Ele viria salvar-nos de nossos próprios pecados, libertar-nos da cadeia de nossos próprios erros, afastando-nos do egoísmo e do orgulho que ainda legislam para o nosso mundo consciencial.

Achamo-nos, até hoje, em simples fase de começo de apostolado evangélico — Cristo libertando o homem das chagas de si mesmo, para que o homem limpo consiga purificar o mundo.

O reino individual que puder aceitar o serviço liberatório do Salvador encontrará a vida nova.

[Emmanuel, *Vinha de Luz*.]

4.10

Amanhecer de Natal

Nos períodos cruciais da Humanidade a Divina Providência sempre se manifestou, encaminhando ao orbe terrestre apóstolos e sábios, gênios e santos que ergueram o pensamento e a ética aos seus mais elevados patamares.

Em todas as nações eles surgiram, conduzindo os povos ao descobrimento e à vivência dos valores elevados quão dignificadores da criatura humana, que vai sendo promovida, de etapa a etapa, no rumo da total libertação a que aspira.

Não obstante esse empenho, as lições desses missionários ao serem vulgarizadas sofrem adulterações que resultam da adaptação dos seus conteúdos às conveniências infelizes dos homens, responsáveis pelo retardamento da marcha do progresso geral.

Nenhuma exceção a esse comportamento nefando.

A história da verdade na Terra pode ser considerada uma viagem difícil, cujos resultados ainda não se fizeram realmente auspiciosos.

De um lado, o absolutismo do poder, o fanatismo da fé, a ignorância sistemática; de outro, a prepotência do orgulho e a ditadura do egoísmo sempre se antepuseram à vitória do bem, perturbando-lhe o avanço.

Apesar dessas dificuldades, a barbárie, a injustiça, a impiedade, o degredo, as matanças arbitrárias — salvadas as suas exceções periódicas —, vão cedendo lugar à benignidade, à Lei, ao sentido de justiça, aos valores éticos e às conquistas espirituais que ora fascinam e envolvem milhões de indivíduos, que afanosamente se entregam ao labor de melhorar as paisagens do mundo.

Nesse extraordinário cometimento destacam-se a presença e a vida de Jesus na Terra.

***

Pairava, à época, um silêncio espiritual multissecular em relação ao povo hebreu, que parecia esquecido da sua destinação histórica.

Veio, então, Jesus, e trouxe a melodia poderosa da verdade, que a cantou para as multidões, vivenciando todos os postulados que o caracterizavam como o Messias.

Profetizou, curou enfermos, enfrentou com elevação a pusilanimidade, escolheu os infelizes, que elegeu como seus amigos, renunciou aos títulos e posses, conviveu com a dor, aceitou as humilhações, desvelou-se inúmeras vezes, e não foi aceito.

Aqueles que o seguiram e o difundiram pelas terras do Império Romano, passados os dias gloriosos do martírio, tiveram suas vidas e palavras, como ocorreu com as dele, adulteradas, adaptadas aos interesses transitórios, impondo-as desfiguradas à posteridade.

Mesmo assim, o perfume do amor que lhes impregnava as diretrizes conseguiu permanecer; e até hoje a figura ímpar do Mestre Galileu impõe-se, afavelmente, como Modelo Incomum para a Humanidade.

Do seu berço à cruz há toda uma epopeia de amor, ainda não compreendida em sua profundidade legítima, que os tempos se encarregarão de elucidar e estabelecer como necessária à vida.

O seu natal, por isso mesmo, tornou-se o amanhecer de uma Era Nova que lentamente se está implantando no mundo.

Embora os atuais rumores e ameaças e guerra, que permanecem apavorando as criaturas, enquanto a lembrança do Natal de Jesus permanecer na mente e no coração humano, o amor fluirá em bênçãos, afastando o monstro de extermínio dos horizontes, por enquanto, tumultuados.

Aproveita, desse modo, o amanhecer deste Natal, e imprime o teu amor nos corações que te cercam, nas vidas que fazem parte da tua vida.

Deixe que Jesus, que já trazes nos sentimentos, por teu intermédio afague os sofredores de todos os tipos, diminuindo-lhes as dores e as insatisfações.

E, se por acaso, ainda não o trazes comandando as tuas emoções, abre-te ao amanhecer do seu nascimento e instala-o no país dos teus anelos, experimentando, a partir de então, a felicidade como jamais esperavas fruí-la algum dia, em tão elevado grau e plenitude.

[Página de Joanna de Ângelis, psicografada pelo médium Divaldo P. Franco, em 12.9.1990, no Centro Espírita "Caminho da Redenção", em Salvador (BA). *Reformador*, dez. 1990.]

4.11

Celebração de Natal

A prepotência da força gerara a arbitrariedade do poder. O mundo era, então, espólio fácil nas garras dos insaciáveis esbulhadores.

Homens, mulheres e crianças facilmente transitavam de mão em mão sob a canga de vil cativeiro, cujas rédeas eram conduzidas pela impiedade triunfante no carro de guerra...

A ostentação e a miséria, a opulência e a sordidez, a exuberância do desperdício e a escassez de recursos constituíam contrastes aparvalhantes naqueles dias...

Dominadores de uma hora tombavam, logo depois, desfilando como hilotas ou sucumbiam asfixiados nos rios de sangue em que se compraziam...

Intrigas na polícia de César, desídias nas hostes poderosas, desmandos criminosos e conciliábulos argentários confraternizavam disfarçados com as tricas religiosas, as disputas pela primazia e as ambições desmedidas, fazendo que a alma dos povos sofresse o jugo do pulso férreo dos títeres do mundo e a mão veludosa, porém, traiçoeira, dos mandatários da fé.

A felicidade se consubstanciava na fortuna enganosa de um dia, no sorriso de um momento logo convertidos em miséria de largo período e esgar de contínua contração facial.

Nenhuma fanfarra apregoadora. Festividade alguma entoando alvíssaras.

Nem palácio, nem berço de ouro.

Anunciado por profetas e anjos, era esperado como o "Justiçador".

Os que o aguardavam transferiam para ele os métodos da violência e da subjugação com que esperavam submetesse os outros homens, vencendo os povos e os humilhando vergonhosamente.

...Ele, todavia, elegeu o altar de uma lapa e o império imensurável da Natureza para apresentar-se aos homens.

Somente alguns poucos ouviram a melodia angélica e perceberam o lucilar da estrela indicadora, saudando o seu advento e a sua jornada.

Sua vida, no entanto, modificou a estrutura moral e espiritual da Humanidade desde então.

Esperança dos infelizes, fez-se porto de segurança dos desesperados. A partir daquele momento, em quaisquer conjunturas, Jesus é o alfa e o ômega das criaturas terrenas, apontando as direções seguras para a paz e a felicidade.

***

De certo modo semelhantes estes tempos àqueles dias, não te distraias nas exterioridades frívolas com que recordam o nascimento do Senhor.

Esparze em derredor a luz da alegria, o bálsamo do consolo e o pão da bondade, celebrando o Natal com as mãos da caridade e os tesouros do amor, de modo a transformares o coração num altar e a alma na sede do seu reino, donde ele possa, novamente, apresentar-se, por teu intermédio, aos desditosos, reconstruindo a vida sob a excelsa sinfonia dos anjos a repetirem:

"Glória a Deus nas alturas;
paz aos homens de boa vontade!"

[Página de Joanna de Ângelis, psicografada pelo médium Divaldo P. Franco, em 5.9.1973, no Centro Espírita "Caminho da Redenção", em Salvador (BA). *Reformador*, dez. 1973.]

4.12

Exaltação do Natal

Se já consegues perceber a sublime mensagem do Natal de Jesus, faze um exame dos benefícios que fruis com o conhecimento e dos resultados produzidos na tua vida.

Refaze, mentalmente, o caminho percorrido, desde que a sinfonia do Natal permeou teu espírito de alegrias, e considera as tuas atitudes.

Embalado pelo cântico da esperança cristã, rememora quantas lágrimas estancaste, quantos companheiros soergueste da queda moral lastimável, quantos corações vitalizaste com a fé clara e pura, quantas vezes silenciaste se ultrajado, se perseguido, se instado ao revide, quanto desculpaste reatando liames de afeto com o ofensor, quanto confiaste embora aparentemente perdido, quanto pudeste perseverar nos propósitos sadios, apesar das tentações de toda ordem!... Tens elegido a serenidade como companheira nas horas difíceis, o amor como sustentáculo das tuas aspirações, a caridade como normativa fraternal e a fé como lâmpada sempre acesa no curso das tuas horas?!

O Natal evoca o Rei Divino descendo à Terra para amar, como uma lição viva e inconfundível de como se devem conduzir os amados que conseguem amá-lo.

Esses, os que ensaiam amá-lo, experimentam gáudio pelo seu nascimento, mas não convertem a alegria em estroinice nem a gratidão afetuosa em repasto exagerado, motivando desequilíbrios e abusos de variada contextura.

Buscam, à semelhança dele, aqueles que não têm tido ensejo de ser amados nem socorridos e cujos leitos de dores se encontram à mercê das escuras tormentas da aflição em que eles se debatem, convertendo os sentimentos de que se encontram possuídos em alavancas de socorro e proteção.

Não se queixam, nem lamentam, pois que têm os olhos naquele que tudo cedeu e todas as honras desdenhou para exaltar o amor e elevá-lo à condição de astro rei no arquipélago das conquistas humanas.

***

Se ainda não consegues sentir a glória do Natal de Jesus vibrar nas íntimas fibras do teu ser, porque a tua coleta há sido de desencantos e tristezas, perversidades e incompreensões, ou porque as amarras do ceticismo cedo te enovelaram aos pélagos da indiferença pelas questões transcendentais do espírito, evoca a história daquele homem que medrou como lírio imaculado em chavascal odiento e não se conspurcou, que viveu sitiado pelo sofrimento de todos e não desanimou, que sofreu zombaria e apodo de toda natureza e não descreu, que se viu a sós quando mais era convocado ao testemunho ímpar e não se fez amargo nem decepcionado.

Recorda-o, simples e majestoso, face crestada pelo sol, cabelos ao vento, pés sangrentos, esguio e nobre, misturado à plebe, enxugando suor e lavando feridas, limpando raízes morais, acolitado por mulheres mutiladas nos ideais da maternidade e reduzidas à condição mais dolorosa, e por homens vencidos por impostos exorbitantes ou dominados por misérias sem nome... Elegeu esses, os sem-ninguém, à condição de amigos, sem se voltar contra aqueles outros, também infelizes, momentaneamente guindados ao poder ou enganados pela ilusão.

A cruz em que o cravejariam mais tarde, simbolizou-a sempre, de braços abertos, aconchegando ao peito afável quantos desejassem paz e, descrentes, necessitassem de luz e vida.

Evoca-o, e deixa que cheguem ao teu espírito e o penetrem, neste Natal, as vibrações dele, o Amigo por quase todos esquecido, que jamais se esqueceu de ninguém.

***

Aquieta o turbilhão que te atordoa, e, enquanto se espraiam no ar as sutis vibrações do Natal de Jesus, escuta a voz dos anjos e alça-te dos sítios sombrios onde te demoras para as culminâncias do amor clarificador de rotas em homenagem ao Governador da Terra, quando da sua visita, no passado, para que, agora, novamente Ele te possa visitar, sendo o conviva invisível e presente na formosa festa de paz em que se converterão tuas horas de agora em diante.

O Natal é mensagem perene que desceu do Céu para a Terra e que agora, em ti, se levanta da Terra na direção do Céu.

[Joanna de Ângelis, *Lampadário Espírita.*]

4.13

Festas e Natal

O Mestre Inolvidável mergulhou nas vibrações da Terra a fim de dar início ao seu Ministério Divino, quando Roma decretara o recenseamento, e as cidades, regurgitantes, apresentavam o toque festivo das multidões em movimento.

No Santuário do Templo, em Jerusalém, o Embaixador Celeste se desvelou aos doutores e estudiosos, quando a família retornava das festas tradicionais.

Inaugurou Jesus o sublime apostolado público honrando os nubentes, em júbilo, no consórcio de Caná, instalando nos corações a mensagem do seu amor, em plena primavera da Natureza em festa.

Visitou Jerusalém, quando a cidade, em regozijo, realizava as *Festas das Tendas*, e, mais tarde, deixou-se crucificar, na mesma cidade, durante os dias faustosos das alegrias tradicionais.

Tudo são lições na vida de Jesus, como a dizer-nos que a Boa Nova é o poema imperecível da alegria, multiplicando as possibilidades do entendimento humano, para o intercâmbio com os Espíritos felizes, em permanente natal de bênçãos, através do qual os Céus confraternizam com a Terra, e os homens, emocionados, ascendem na direção das fontes geratrizes da vida.

Natal é madrugada prenunciadora de claridades espirituais sobre a noite das paixões humanas. E Jesus, em nossa alma inquieta, é suave canção de paz para todo dia e toda hora, facultando-nos nascer e renascer no bem e na imortalidade.

***

Não obstante as festas em que ele fez a introdução da sua mensagem entre os homens, ei-lo a cada passo diante do infortúnio, ou enfrentando o sofrimento, qual raio de luz que escolhesse a furna para fulgurar, ou bálsamo que preferisse o tecido enfermo para penetrá-lo e refazê-lo.

Onde o desespero se agasalhava e as lágrimas se faziam abundantes, suas mãos estavam presentes, como alavancas mensageiras da esperança, não apenas sustentando, mas extirpando as causas criadoras das mortificações. E sua voz esclarecedora permanecia ensinando que, na alegria festiva da vida, a dor é o apelo sem palavras em prol da nossa libertação e o infortúnio aparente é o ensejo redentor que se nos abre para a superação da canga reencarnacionista, em que malogramos, não poucas vezes, ao estrugir das paixões sem nome.

***

Para o cristão legítimo, a data fixa do Natal se translada da evocação da manjedoura, para tornar-se o começar a repetir o serviço do amor na Terra de sofrimento por onde tem transitado, chamado que está à construção da vida melhor.

...E, enquanto as melodias repetem, na musicalidade da Terra, o poema sinfônico dos anjos, diante do berço de palha que simbolizava a aurora da Humanidade Feliz, volta-te para Jesus, por intermédio dos homens que ainda não o encontraram, produzindo neles a festa insuperável da perene natividade, com que partirás para o mundo renovado do porvir, igualmente feliz.

[Página de Joanna de Ângelis, recebida pelo médium Divaldo P. Franco, em sessão pública, da noite de 17.10.1970, em Curitiba (PR). *Reformador*, dez. 1971.]

4.14

Natal íntimo

Pairam sobre a grave noite moral que se abate sobre a Humanidade as promessas consoladoras de Jesus, enunciadas em época relativamente semelhante, quando a estroinice e a miséria disputavam destaque, e o sofrimento, cavalgando a poder usurpador de Roma, reduzia o mundo à ínfima condição de escravo.

O homem, ensoberbecido pelas conquistas que o arrojaram para o mundo exterior, estorce-se nas constrições da angústia, padecendo os rudes efeitos da descrença a que se entregou, olvidando Deus e alma, enquanto entronizava o corpo e as paixões dissolventes, em aventuras que se converteram em pesadelos torpes.

Não obstante as reivindicações de paz que propõe, ainda espalha os focos das guerras, e, embora fomente o progresso tecnológico, arroja-se aos desgastantes campeonatos do prazer, entorpecendo os sentimentos e avançando na direção dos despenhadeiros da loucura e do suicídio...

São estes os dias de opulência e de mesquinhez, de exuberância e escassez, demonstrando que a única ética portadora de esperança é a do Evangelho.

A cultura enlouquecida prossegue ultrajando a consciência humana, porque a ética permanece fundamentada no imediatismo dos interesses materiais.

***

Ante os paradoxos que se chocam, nos arraiais da civilização, o homem vê-se impelido a examinar a vida com mais respeito e o seu próprio destino com melhor raciocínio.

Nessa busca, inevitavelmente, descobrirá que é um ser imortal, compreendendo que a proposta do momento é a mesma que ressuma do pensamento cristão primitivo.

Nessa criatura, que se candidata à renovação, nasce Jesus, silenciosamente, no seu íntimo, iniciando uma etapa nova.

Esse, qual ocorreu com aquele Natal de há dois mil anos, iluminar-lhe-á a vida e o conduzirá à plenitude, fazendo-o volver os olhos para o seu redor e experimentar a solidariedade com os que sofrem, espalhando dádivas de esperança e de misericórdia com que os felicitará, mudando a paisagem onde se encontram, ao embalo das vozes angélicas, novamente repetindo o inesquecível refrão:

— *Glória a Deus nas alturas; paz na Terra e boa vontade para com os homens!*

[Página de Joanna de Ângelis, psicografada pelo médium Divaldo P. Franco, em 11.9.1983, no Centro Espírita "Caminho da Redenção", em Salvador (BA). *Reformador*, dez. 1983.]

4.15

Reflexão de Natal

Inicia-se a era espacial, trazendo as mesmas esperanças e surpresas que caracterizaram as conquistas marítimas dos séculos XV e XVI.

O homem moderno se adentra pelo sistema solar com as mesmas ambições dos nautas do passado, guardadas, evidentemente, as distâncias da conquista tecnológica que medeiam entre esses nobres conquistadores.

Ontem, armados do espírito aventureiro, os capitães dos navios venciam os mares ignotos utilizando-se de indômita coragem e de rudes instrumentos, que abririam portas amplas aos aperfeiçoamentos atuais dantes nunca sonhados.

Hoje, porém, graças aos recursos da eletrônica e das ciências em geral, o homem na lua aparece refletido no vídeo do receptor de televisão nos lares, oferecendo as paisagens do satélite deserto à contemplação dos companheiros deslumbrados que ficaram na Terra.

Todavia, embora o intervalo entre as duas épocas, os quadros de aflição se repetem, aumentados, enquanto o homem amesquinhado em si mesmo parece dominado por estranha loucura que o vence lentamente.

O monstro da guerra, hoje como ontem, continua dizimando; a enfermidade e a miséria social prosseguem dilacerando povos esmagados sob o jugo de inominável pressão.

No clamor que de toda parte se levanta, todavia, se destaca a palavra de Jesus Cristo chamando à paz, ao amor, à caridade, vencendo todas as vozes.

Nos céus iluminados e vencidos por bólides do engenho humano, reaparece de quando em quando a estrela simbólica do Natal, como a apontar os mesmos rumos que foram traçados de uma singela manjedoura na direção do infinito dos tempos e dos espaços.

E Jesus, o Embaixador de Deus, retorna à Terra. Sua voz repete, ao embalo da música dos anjos, o canto sublime das bem-aventuranças, enaltecendo os valores esquecidos da humildade, da bondade, da simplicidade, da pobreza, da concórdia — únicos tesouros que enriquecem sem afligir e felicitam sem inquietar.

***

Quando exultes ante as conquistas modernas na lua, nas regiões submarinas ou nos espaços siderais, mais além, não te esqueças de que Jesus as permitiu. Sem o selo da sua aquiescência, as tentativas humanas redundam sempre em humanos fracassos.

Além e acima das nossas cogitações, Ele vela e guia os destinos do nosso mundo.

Por esta razão, neste Natal, enquanto ainda rugem os fragores das batalhas destruidoras, desenfreadas, abre o coração ao amor de Deus para que o Amigo Divino nasça e renasça em ti e através de ti, espargindo por toda a parte a esperança e o bem indispensáveis à felicidade geral dos que caminham sob o estigma da dor e da necessidade.

Silencia, pois, por momentos, toda a balbúrdia íntima e faze a pausa para que Jesus, transformando-te em carta viva do seu Evangelho, te eleja a manjedoura simbólica que lhe sirva de novo berço para recomeçar e refazer a lição perene do seu amor para a Humanidade inteira.

[Página de Joanna de Ângelis, psicografada pelo médium Divaldo P. Franco, na sessão da noite de 13.10.1969, no Centro Espírita "Caminho da Redenção", em Salvador (BA). *Reformador*, dez. 1969.]

4.16

Natividade

Pairava nos âmbitos da atormentada Israel a voz do silêncio, sem que se escutasse o alento encorajador das profecias, que séculos a fio mantivera inquebrantável o ânimo do povo, nas incontáveis provanças que frequentemente caíam avassaladoras.

Embora os debates acalorados nas sinagogas e no Templo e as discussões da exegese, a fé empalidecera, havia muito, nos corações mais valorosos, mercantilizada pelas paixões do poder temporal que aliciava ambições a desvairarem os mais respeitáveis dignitários da religião.

A política de dominação imposta pelo romano vencedor engendrara a pusilanimidade e a traição, que se mesclavam traçando caracteres novos e diferente ética para os que buscavam os santuários, então suntuosos, porém vazios de Deus.

As esperanças acalentadas em torno do Messias beligerante e vingador tornavam-se a aspiração maior de todos, fruto possivelmente do atavismo psicológico ou resultado de recalcada paixão do poder e da força...

Foi quando nasceu Jesus.

Anunciado pelos anjos, escolheu como berço a palha úmida da manjedoura, e decantado por todos os grandes profetas, que trombetearam as suas excelsas características, preferiu o anonimato de modesto casal aldeão.

Construtor da Terra e legislador excelso, desceu, Ele mesmo, ao vale sombrio, para trabalhar como servidor humílimo e ignorado entre os homens.

Senhor da vida no orbe, em vez do dia ridente e dourado, fulgiu no berço sob o "olhar" das estrelas, em noite tranquila, para ser a "luz do mundo" por todos os tempos.

Por essas razões o Natal de Jesus é a história viva e sempre fascinante do sublime Filho de Deus, descido ao mundo para libertar consciências e corações com o sol do seu amor total.

É lição fascinante para todo dia, para toda hora, para todo o sempre.

***

Quando a avalanche de paixões desassossegadoras varre os quadrantes da Terra e ateia as chamas de guerras e crimes, neuroses e crises, alucinações e angústias, a Natividade evoca um Enviado de Deus, cujo berço continua sendo esperança luminosa para a Humanidade e cuja cruz se transformou em fanal redentor para aqueles que aspiram à libertação das sombras, das dores e da morte, a fim de poderem prosseguir na escalada segura do atual tabor da transfiguração santificadora.

Rememorando o nascimento de Jesus, alonga-te por toda parte onde a fome, a orfandade, o abandono, a doença e a rebeldia se asilem, para traduzires o canto dos anjos na noite santa, de modo que todos eles, os nossos irmãos sofredores, sintam Jesus nascer nos países dos seus espíritos como no teu próprio, anunciando os tempos novos de justiça e "paz entre as criaturas de boa vontade na Terra".

[Página de Joanna de Ângelis, psicografada pelo médium Divaldo P. Franco, na sessão de 16.9.1968, no Centro Espírita "Caminho da Redenção", em Salvador (BA). *Reformador*, dez. 1968.]

4.17

Às vésperas do Natal

(Na festa dos grandes e dos pequenos.)

Relembremos que a mensagem de Jesus, no estábulo, é, sobretudo, humildade e caridade — as duas mensageiras do amor que pedem serviço e simplificação.

Honra, assim, o Senhor, que tudo nos dá por acréscimo de misericórdia, testemunhando a tua fé no socorro às lágrimas que escorrem, em eco, em torno de teus cânticos...

Homenageia a inocência de teus filhos, mas lembra-te da inocência dos meninos que vagueiam sem pais...

Adorna de alegria os felizes rebentos de teu carinho; contudo, não te esqueças daqueles amarfanhados lírios humanos que choram colados ao infortúnio da viuvez...

Se teus filhinhos colherão frutos opimos de reconforto na árvore de Natal que levantaste com despesas enormes, regada a requintes e caprichos, vestida de guirlandas luminescentes, colorida de flores, recheada de guloseimas e enriquecida por brinquedos diversos, deixa-te enternecer ante os meninos para quem o Natal não trará qualquer nota de felicidade ou renovação que lhes atenda à necessidade ou desfaça a dobrosa monotonia do catre de provação em que desfalecem...

Se teus filhinhos terão sapatos repletos de mimos e de presentes, recorda os petizes que os não têm e, quando os possuem, somente encontram neles, em sua melancólica e fria manhã natalina, os buracos da sola desmantelada envoltos no pó das sarjetas ou no lodo das enxurradas...

Em ouvindo o álacre gorjeio dos pimpolhos em casa, entre pratos apetitosos e surpresas festivas, lança rápido olhar aos que vivem no suplício habitual do racionamento compulsório de ar e luz, espaço e água, em ranchos e cubículos, taperas e mansardas, ou respirando ao sol e à chuva, encarapitados sobre morros ou encafurnados sob pontes infectas...

Ensina teus próprios filhos a serem pequenos cooperadores do generoso Papai Noel.

Ajuda-os a simplificar a existência em favor das existências menos felizes!

Refaze-lhes o guarda-roupa, induzindo-os a ofertar as peças desnecessárias a algum corpinho arrepiado, sem trapo para vestir.

Limpa-lhes a garagem infantil, doando os ferros-velhos aos motoristas-mirins que jamais dirigiram, nem mesmo um carrinho de papelão.

Derrama a cesta de bonecas da filhinha querida, depondo algumas delas nos bracinhos maltratados que nunca ninaram sequer uma feia bruxa confeccionada com trapos velhos.

A fértil imaginação dos pequeninos, que ainda não foram visitados pelos brindes do Natal, suprirá com suaves devaneios e brandas emoções todas as deficiências das preciosas lembranças, recuperando a bonequinha quebrada, reformando o calhambeque que já foi mimoso carro, consertando o avião de papel, assoprando a gaita desafinada ou rufando o leve tambor de pele rompida...

Aprendamos na escola da manjedoura que o petiz mais rico da Terra nasceu indigente, nas palhas da estrebaria...

Faze isso e espalharás tesouros de júbilo e de amor, no natalício do Mestre, como quem lhe ouviu no imo do coração o convite de luz:

— "Deixai vir a mim os pequeninos..."

[Maria Celeste, *De coração para coração*.]

4.18

De Natal a Natal

Balouça o berço colorido e feliz do irmãozinho ou do filho bem-amados, mas pensa nas enxergas de palha das vizinhanças, socorrendo os que sofrem desencanto e penúria...

Assenta-te à mesa farta, no ambiente festivo, mas observa que a fome é fenômeno universal e ampara os que nem mesa possuem...

Contempla as luzes da árvore luminosa que te enfeita o ninho doméstico, regalada de presentes, mas confronta-lhe a beleza com a dor de muitas casas do arrabalde e ajuda àqueles cujo fogão repousa sem lume...

Lustra os sapatos para as alegrias de salão, mas não te esqueças dos pés descalços que se arrastam sem rumo...

Fita os entes queridos em derredor do teu regozijo familiar, mas lança um pensamento de fraternidade aos que se afastaram de casa amargando abandono e solidão...

Rejubila-te com os brindes que recebeste, mas pensa nos milhares de mãos subnutridas e fatigadas que te rodeiam e reparte com elas as tuas sobras de alegria e conforto...

Acaricia os teus sonhos de paz no leito alvo, mas endereça um pensamento de consolo e esperança aos hospitais e presídios, onde tantas mentes se debatem em pesadelos inomináveis...

Formula as preces que te escapam do coração, anotando os dons que te felicitam, mas lembra-te da Humanidade e ora também por aqueles que neste dia de amor supremo ainda se ferem ou se exterminam, uns aos outros, distantes da lei do amor...

Quando medites no esplendor de humildade da Manjedoura de Belém, considera igualmente a ti mesmo e faze de teu coração outra manjedoura de luz e amor para Jesus e deixa que o Divino Mestre, em ti, nasça e viva dia a dia, de Natal a Natal.

[Página de Maria Celeste, recebida pelo médium Waldo Vieira, em reunião da noite de 27.10.1964, em Uberaba (MG). *Reformador*, dez. 1964.]

4.19

Em torno do Mestre

Dez opiniões, em torno de Jesus, nas revelações do Velho Testamento, dos Evangelhos e da Doutrina Espírita.

1 - *De Isaías*:

"Ele verá o fruto do penoso trabalho de sua alma e ficará satisfeito..." — *Isaías*, 53:11.

***

2 - *Do Mensageiro Angélico*:

"Não temais; eis que vos trago novas de grande alegria que o será para todo o povo, pois, hoje, na cidade de Davi, vos nasceu o Salvador, que é o Cristo Senhor." — *Lucas*, 2:10 e 11.

***

3 - *De João Batista*:

"Eis o Cordeiro de Deus que tira os pecados do mundo." — *João*, 1:29.

***

4 - *De Nicodemos*:

"Rabi, sabemos que és Mestre, vindo da parte de Deus; porque ninguém pode fazer estes sinais que tu fazes, se Deus não estiver com ele." — *João*, 3:2.

***

5 - *De Simão Pedro*:

"Tu és o Cristo, filho de Deus vivo." — *Mateus*, 16:16.

***

6 - *De Pilatos*:

"Não vejo neste homem culpa alguma." — *Lucas*, 23:4.

***

7 - *De Allan Kardec*:

"Mas o papel de Jesus não foi o de um simples legislador moralista, tendo por exclusiva autoridade a sua palavra. Cabia-lhe dar cumprimento às profecias que lhe anunciaram o advento; a autoridade lhe vinha da natureza excepcional do seu Espírito e da sua missão divina." Item 4, cap. I de *O Evangelho segundo o Espiritismo*.

***

8 - *Do Espírito de Verdade*:

"Jesus Cristo é o vencedor do mal..." Item 5, cap. VI de *O Evangelho segundo o Espiritismo*.

***

9 - *Do Espírito de Fénelon*:

"Um dia, Deus, em sua inesgotável caridade, permitiu que o homem visse a verdade varar as trevas. Esse dia foi o do advento do Cristo." — Item 10, cap. I de *O Evangelho segundo o Espiritismo*.

[...]

[*Reformador*, dez. 1964.]

4.20

Convite de Natal

Enquanto a glória do Natal se expande, aqui, ali, além, toda a Terra se veste de esperança para a festa do bem!...

Natal!... Refaz-se a vida, alguém ressurge, nos clarões com que o Céu se te anuncia... É Jesus a pedir-te que repartas do teu pão de alegria.

Para louvar-lhe os dons da Presença Divina, não digas, alma irmã, que nada tens; a riqueza do amor, no coração fraterno, é o maior de teus bens...

Quando o dia se esvai e a noite desce, ao comando da sombra que a domina, para varrer a escuridão da estrada, basta a luz de uma vela pequenina.

O deserto se esfalfa em longa sede, na solidão em que se configura... Se chega simples fonte, ei-lo mudado em florida espessura!...

Ninguém sabe tão bem, senão aquele que a penúria desgasta ou desconforta, o valor de uma veste contra o frio, o tesouro de um prato dado à porta.

A migalha de força é a base do Universo, desde a furna terrestre à estrela mais remota!… Todo livro se escreve, letra a letra; compõe-se a melodia, nota em nota…

Alma irmã, no serviço da bondade, jamais te afirmes desfavorecida… Pobres sementes formam ricas messes! Assim também na vida…

O cobertor, o pão, a prece, o abraço, uma frase de paz e compreensão podem criar prodígios de trabalho, de reconforto e de ressurreição!…

Natal!… Dá de ti mesmo quanto possas, no amparo à retaguarda padecente; toda bênção de auxílio é socorro celeste, que Deus amplia indefinidamente.

Natal!… Recorda o Mestre da Bondade!… Ele, o Cristo e Senhor, acendeu sobre a Terra o sol do Novo Reino com migalhas de amor!…

[Maria Dolores, *Antologia da Espiritualidade.*]

4.21

Ante o Natal

Lembrando-te, Senhor, a glória ao desabrigo, aspiramos a ser migalha do Natal permanente contigo!...

Faze-nos esquecer as fraquezas e os erros que trazemos e acolhe-nos na luz — na luz eterna dos teus dons supremos...

Deixa que nós sejamos, na exaltação do bem que a tua vinda encerra, inda que seja um traço pequenino do amor com que iluminas toda a Terra!...

Concede-nos a bênção de espalhar, junto daqueles que a penúria alcança, o pão que supre a mesa e o verbo da esperança!...

Onde a tristeza surja e a revolta se expanda em tormenta sombria, queremos ser contigo a semente da paz e o toque da alegria...

Onde o infortúnio chore um sonho semimorto, anelamos doar, na força de teu nome, a palavra de vida e reconforto!...

Ante o Natal de volta às províncias do mundo, na doce comoção que nos invade, transforma-nos, por fim, em parcela bendita da Celeste Bondade!...

Ampara-nos, Senhor, até que um dia, além de nossas trilhas inseguras, possamos nós também cantar, na harmonia dos Anjos:

— Glória a Deus nas Alturas!...

[Maria Dolores, *Antologia da Espiritualidade.*]

4.22

Cartões de Natal

Sede firmes na fé, perseverantes nos estudos, unidos na fraternidade legítima.

BEZERRA

Que a Casa de Ismael receba nossos votos de progresso. É nossa prece de servo mínimo, para que o Brasil Espírita cresça, abençoado e forte, aos olhos do Pai Poderoso.

WANTUIL

Saudamos fraternalmente os companheiros de ideal espírita, lembrando-lhes que o rio da morte a todos espera, para a celebração de um grande e feliz Natal nos planos divinos.

IRMÃO X

Guardamos no coração a lembrança fagueira dos dias vividos na Casa de Ismael, e a ela unimo-nos na prece em benefício das crianças desvalidas e dos velhinhos desamparados.

Carlos Lomba

Que o espírito do Natal, ou seja, a presença do suave Senhor de nossas almas, esteja em todos os corações como sublime realidade.

Scheilla

Espalhemos as rosas do amor cristão nos caminhos tristes da Terra, transformando-a num Natal permanente, onde o Cristo Divino seja o centro, o alvo de todo o amor de nosso coração.

Meimei

Rogamos à Virgem Santa sua bênção de amor para a Humanidade escravizada na indiferença. Que o ideal do Senhor resplandeça sobre o mundo, como sol divino que é.

J. Arcoverde

Companheiros da fraternidade cristã! Cristo é nossa esperança, nossa meta, nossa finalidade. Sejamos fiéis aos nossos ideais de servir e amar.

Richard

Nos planos mais altos brilham mais as estrelas, reluzem mais as festividades, emocionam-se mais os corações, no louvor das preces que se erguem homenageando o Excelso, que nos dará, hoje e sempre, o vinho da vida.

RENATO

Bendizemos o Senhor das Alturas, rogando-lhe que a todos abençoe e proteja nos caminhos da vida.

AUGUSTO PAIVA

E que a paz do Senhor seja nos corações. Glória a Deus nas alturas! Que brilhem em todos os lares as luzes que o Natal de Jesus nos trouxe.

UM AMIGO

E, agora, Senhor, em genuflexão diante do altar sagrado que é a Pátria Brasileira, oferecemos-te nosso humilde amor, rogando-te que a Terra amada, a Terra de Pindorama, sob o signo santo do Cruzeiro do Sul, cresça e se harmonize na fraternidade que ensinastes. Que o povo humilde, os filhos do meu coração, te encontrem, ó Mestre imaculado, nos caminhos floridos da terra brasileira, sob o céu estrelado deste imenso coração que será, um dia, o reflexo do teu doce e radioso Coração.

PEDRO DE ALCÂNTARA

[Mensagens recebidas pela médium Maria Cecília Paiva, na reunião pública de 23.12.1975, na Federação Espírita Brasileira, no Rio de Janeiro (RJ). *Reformador*, dez. 1976.]

5

POEMAS

5.1

Bilhete de Natal

Meu amigo, não te esqueças,
Pelo Natal de Jesus,
De cultivar na lembrança
A paz, a verdade e a luz.

Não olvides a oração
Cheia de fé e de amor,
Por quem passa, sobre a terra,
Encarcerado na dor.

Vai buscar o pobrezinho
E o triste que nada tem...
O infeliz que passa ao longe
Sem o afeto de ninguém.

Consola as mães sofredoras
E alegra o órfão que vai
Pelas estradas do mundo
Sem os carinhos de um pai.

Mas escuta: Não esqueças
Na doce revelação,
Que Jesus deve nascer
No altar do teu coração.

Casimiro Cunha

[Francisco Cândido Xavier, *Relicário de Luz*.]

5.2

O Senhor vem...

E eis que Ele chega sempre de mansinho.
Haja sol, faça frio ou tempestade;
Veste o manto do amor e da verdade,
E percorre o silêncio do caminho.

Vem ao nosso amargoso torvelinho,
Traz às sombras da vida a claridade,
E os próprios sofrimentos da impiedade
São as bênçãos de luz do seu carinho.

Como o Sol que dá vida sem alarde,
Vem o Senhor que nunca chega tarde,
E protege a miséria mais sombria.

Ele chega. E o amar se perpetua...
É por isso que o homem continua
Ressurgindo da treva a cada dia.

Auta de Souza

[Francisco Cândido Xavier, *Parnaso de Além-túmulo*.]

5.3

Na noite de Natal

Noite de paz e amor! Repicam sinos,
Doces, harmoniosos, cristalinos,
Cantando a excelsitude do Natal!...
A estrela de Belém volta, de novo,
A brilhar, ante os júbilos do povo,
Sob a crença imortal.

De cada lar ditoso se irradia
A glória da amizade e da harmonia,
Em festiva oração;
Une-se o noivo à noiva bem-amada,
Beija o filho a mãezinha idolatrada,
O irmão abraça o irmão.

Dentro da noite, há corações ao lume
E há sempre um bolo, em vagas de perfume,
Sob claro dossel...

Nascem canções e flores de mansinho,
Em édenes fechados de carinho,
De esperança e de mel.

Mas, lá fora, a tristeza continua…
Há quem chora sozinho, em plena rua,
Ao pé da multidão;
Há quem clama piedade e passa ao vento,
Ralado de tortura e sofrimento,
Sem a graça de um pão.

Há quem contempla o céu maravilhoso,
Rogando à morte a bênção do repouso
Em terrível pesar!
Ah! como é triste a imensa caravana,
Que segue, aflita, sob a treva humana
Sem consolo e sem lar...

Tu, que aceitaste a luz renovadora
Do Rei que se humilhou na manjedoura
Para amar e servir,
Volve o olhar compassivo à senda escura,
Vem amparar os filhos da amargura,
Que não podem sorrir.

Desce do pedestal que te levanta
E estende a mão miraculosa e santa
Ao desalento atroz;

Para unir-nos no Amor, fraternalmente,
Desceu Jesus do Céu Resplandecente
E imolou-se por nós.

Vem medicar quem geme na calçada!...
Oferece à criança abandonada
Um velho cobertor;
Traze a quem sofre a lúcida fatia
Do teu prato de sonho e de alegria,
Temperado de amor.

Visita as chagas negras da mansarda
Onde a miséria súplice te aguarda
Em nome de Jesus.
Há muita crença enferma, quase morta,
Que só pede um sorriso brando à porta,
Para tornar à luz.

Natal!... Prossegue o Mestre, de viagem,
Em vão buscando um quarto de estalagem,
Um ninho pobre, em vão!...
E encontra sempre a cruz, ao fim da estrada,
Por não achar socorro, nem pousada
Em nosso coração.

CÁRMEN CINIRA

[Francisco Cândido Xavier, *Parnaso de Além-túmulo*.]

5.4

Versos do Natal

Enquanto a glória do Natal se expande
Na alegria que explode e tumultua,
Lembra o Divino Amigo, além, na rua...
E repara a miséria escura e grande.

Aqui, reina o Palácio do Capricho
Que a louvores e júbilos se entrega,
Onde a prece ao Senhor é surda e cega
E onde o pão apodrece sobre o lixo.

Ali, ergue-se a Casa da Ventura,
Que guarda a fé por fúlgido tesouro,
Onde a imagem do Cristo, em prata e ouro,
Dorme trancada em cárceres de usura.

Além, é o Ninho da Felicidade
Que recorda Belém, cantando à mesa
Mas de portas cerradas à tristeza
Dos que choram de dor e de saudade.

Mais além, clamam sinos com voz pura:
"Jesus nasceu!" — É o Templo dos Felizes
Que não se voltam para as cicatrizes
Dos que gemem nas chagas de amargura…

Adiante, o Presépio erguido em trono
Louva o Rei Pequenino e Solitário,
Olvidando os herdeiros do Calvário
Sobre as cinzas dos catres de abandono.

De quando em quando, o Mestre, em companhia
Daqueles que padecem sede e fome,
Bate ao portal que lhe relembra o nome,
Mas em resposta encontra a noite fria.

E quem contemple a Terra que se ufana,
Ante o doce esplendor do Eterno Amigo,
Divisará, de novo, o quadro antigo:
— Cristo esmolando asilo na alma humana.

Natal!… o mundo é todo um lar festivo!...
Claros guizos no ar vibram em bando...

E Jesus continua procurando
A humilde manjedoura do amor vivo.

Natal! eis a Divina Redenção!...
Regozija-te e canta, renovado,
Mas não negues ao Mestre desprezado
A estalagem do próprio coração.

Cármen Cinira

[Francisco Cândido Xavier, *Instruções Psicofônicas*.]

5.5

Conto do Natal

A noite é quase gelada.
Contudo, Mariazinha
É a menina de outras noites
Que treme, tosse e caminha...

Guizos longe, guizos perto...
É Natal de paz e amor.
Há muitas vozes cantando:
"Louvado seja o Senhor!"

A rua parece nova
Qual jardim que floresceu.
Cada vitrina enfeitada
Repete: "Jesus nasceu!"

Descalça, vestido roto.
Mariazinha lá vai…
Sozinha, sem mãe que a beije,
Menina triste sem pai.

Aqui e ali, pede um pão...
Está faminta e doente.
"Vadia, saia depressa!" —
É o grito de muita gente.

"Menina ladra!" — outros dizem.
"Fuja daqui, pata feia!
Toda criança perdida
Deve dormir na cadeia."

Mariazinha tem fome
E chora, sentindo em torno
O vento que traz o aroma
Do pão aquecido ao forno.

Abatida, fatigada,
Depois de percurso enorme,
Estira-se na calçada...
Tenta o sono, mas não dorme.

Nisso, um moço calmo e belo
Surge e fala, doce e brando:

— Mariazinha, você
Está dormindo ou pensando?

A pequenina responde,
Erguendo os bracinhos nus:
— Hoje é noite de Natal,
Estou pensando em Jesus.

— Não lhe lembra mais alguém?
Ela, em lágrimas, disse: — Eu
Penso também, com saudade,
Em minha mãe que morreu...

— Se Jesus aparecesse,
Que é que você queria?
— Queria que ele me desse
Um bolo da padaria...

Depois de comer, então
— E a pobre sorriu contente —
Queria um par de sapatos
E uma blusa grande e quente.

Depois... queria uma casa,
Assim como todos têm...
Depois de tudo... eu queria
Uma boneca também...

— Pois saiba, Mariazinha,
Eu lhe digo que assim seja!
Você hoje terá tudo
Aquilo que mais deseja.

— Mas o senhor quem é mesmo?
E Ele afirma, olhos em luz:
— Sou seu amigo de sempre,
Minha filha, eu sou Jesus!...

Mariazinha, encantada,
Tonta de imensa alegria,
Pôs a cabeça cansada
Nos braços que Ele estendia...

E dormiu, vendo-se outra,
Em santo deslumbramento,
Aconchegada a Jesus,
Na glória do firmamento.

No outro dia, muito cedo,
Quando o lojista abre a porta,
Um corpo caiu, de leve...
A menina estava morta.

Francisca Clotilde

[Francisco Cândido Xavier e Waldo Vieira, *Antologia dos imortais.*]

5.6

Novo conto de Natal

Natal! À beira da estrada,
Na touceira de capim,
Maria Joana, cansada,
Treme, chora e chega ao fim.

Tem sede com febre alta,
Dói-lhe o peito exposto ao vento
Oitenta anos já somaram
Seus dias de sofrimento.

Os grupos passam cantando,
Do mais rico ao mais plebeu:
"Glória ao Senhor nas Alturas!
Hosanas!... Jesus nasceu!..."

Ninguém para, a fim de vê-la,
Todos anseiam chegar,
Quanto mais cedo possível,
À mesa do próprio lar!...

A pobrezinha relembra
A época da saúde,
As alegrias do campo,
Os sonhos da juventude...

Viúva na mocidade,
Vivera escrava ao dever!...
Onde os filhos que tivera?
Quem poderia saber?...

A quantos patrões servira,
De atenção cativa e alerta?
A quanta gente ajudara?
Só Deus tinha a conta certa...

Recorda o arado, a peneira,
As plantações da fazenda,
O milho para o paiol,
A cana para a moenda...

Crianças a tiracolo,
Serviço de casa cheia,

Cozinha laboriosa,
Previsão da fome alheia!...

A roupa suja no rio,
A enxada que não descansa!...
Trabalho!... apenas trabalho
O que lhe vai na lembrança!...

Agora que mais precisa
Colher na leira do bem
Ninguém lhe estende um lençol,
Não aparece ninguém!...

A pobre desamparada
Às vascas da provação,
Morre, sozinha e humilhada,
Sem lume, sem lar, sem pão...

Nisso, um jovem surge à vista,
Qual um filho que a buscasse,
Afaga-lhe a fronte humilde,
Acaricia-lhe a face.

Joana vê-se melhorada,
Está contente, mais forte,
A fala volta de novo,
Não mais reflete na morte.

— Maria Joana! — esclarece
O moço atraente e amigo
— Venho buscar-te e saber
Se queres servir comigo!...

Ela responde: — Ah! meu filho,
Já não sei como viver,
Estou velha, desprezada,
Que posso agora fazer?...

Ele pondera: — Serás
Na minha estrada, que é tua,
Mãe das crianças jogadas
Aos sofrimentos da rua.

Serás a irmã dos que choram,
Nas pedras da trilha escura,
Aos sopros do desengano,
Aos golpes da desventura!...

Serás tutora bendita
Dos pobrezinhos ao léu,
Obreira da caridade,
Na Terra como no céu!...

— Quem és? — ela indaga aflita,
Ao ver-lhe o manto de luz!

Ele diz: — Não me conheces?
Sou teu amigo: Jesus!

Joana agarra-se-lhe aos braços,
Peito opresso, olhos no Além.
Ele se inclina, bondoso,
E abraça Joana também.

O leito andrajoso e triste,
De tanta luz que irradia,
Lembra a furna de Belém
E a palha da estrebaria!...

Os dois partem sempre juntos
Para as estrelas serenas,
Num carro todo enfeitado
De rosas e de açucenas!...

Milhões de vozes no Espaço
— Regozijos no apogeu —
Proclamam de canto a canto:
"Hosanas!... Jesus nasceu!..."

No outro dia, um caminhante
Procura acordá-la em vão,
Joana morta parecia
Dormir tranquila no chão...

O corpo frio, mostrando
A paz que o verbo não diz,
Era um retrato de Joana
Sorrindo calma e feliz!...

Francisca Clotilde

[Francisco Cândido Xavier, *Poetas Redivivos*.]

5.7

Natal

Natal! Grande bolo à mesa,
A árvore linda em festa.
O brilho da noite empresta
Regozijo ao coração...
É como se a Natureza
Trouxesse Belém de novo
Para os júbilos do povo
Em doce fulguração.

Tudo é bênção que se enflora,
De envolta na melodia
Da luminosa alegria
Que te beija e segue além...
Mas se reparas, lá fora,

O quadro que tumultua,
Verás quem passa na rua
Sem ânimo e sem ninguém.

Contemplarás pequeninos
De faces agoniadas,
Pobres mães desesperadas,
Doentes em chaga e dor...
E, ajudando aos peregrinos
Da esperança quase morta,
Talvez enxergues à porta
O Mestre pedindo amor.

É sim!... É Jesus que volta
Entre os pedestres sem nome
Dando pão a quem tem fome,
Luz às trevas, roupa aos nus!
Anjo dos Céus sem escolta,
Embora a expressão serena,
Tem nas mãos com que te acena
Os tristes sinais da cruz.

Natal! Reparte o carinho
Que te envolve a noite santa,
Veste, alimenta e levanta
O companheiro a chorar.
E, na glória do caminho

Dos teus gestos redentores,
Recorda por onde fores
Que o Cristo nasceu sem lar.

IRENE SOUZA PINTO

[Francisco Cândido Xavier e Waldo Vieira, *Antologia dos imortais*.]

5.8

Petições de Natal

Senhor!...
Quando criança,
Se surgia o Natal,
Eu te enfeitava o nome em flores de papel
E te rogava em oração,
Tomada de esperança,
Que me mandasse por Papai Noel
Uma boneca diferente,
Que caminhasse à minha frente
Ou falasse em minha mão...

Noutro tempo, Senhor,
Jovem pisando alfombras cor-de-rosa,
De cada vez que ouvia
Anúncios de Natal,

Deslumbrada de sonho, eu te pedia
Um castelo de amor e fantasia
Para o meu ideal.

Depois… Mulher cansada,
Quando via o Natal, brilhando à porta,
Minha pobre ansiedade quase morta
Multiplicou preces
E suplicava que me desses,
Na velha angústia minha,
A ilusão de ser amada,
Embora, ao fim da estrada,
Fosse triste e sozinha.

Hoje, Senhor,
Alma livre, no Além, onde o consolo me refaz,
Ante a luz do Natal, novamente acendida,
Agradeço-te, em paz,
Contente e enternecida,
As surpresas da morte e as lágrimas da vida!…
E, se posso implorar-te algo à bondade,
Nunca me dês aquilo que eu mais queira,

Dá-me a tua vontade
E o dom da compreensão,
Entre a humildade verdadeira
E a serena alegria,

A fim de que eu te busque, dia a dia,
Mestre do coração!...

MARIA DOLORES

[Francisco Cândido Xavier, *Antologia da Espiritualidade*.]

5.9

Na noite de Natal

— Minha mãe, por que Jesus,
Cheio de amor e grandeza,
Preferiu nascer no mundo
Nos caminhos da pobreza?

Por que não veio até nós,
Entre flores e alegrias,
Num berço todo enfeitado
De sedas e pedrarias?

— Acredito, meu filhinho,
Que o Mestre da Caridade
Mostrou, em tudo e por tudo,
A luminosa humildade!...

Às vezes, penso também
Nos trabalhos deste mundo,
Que a Manjedoura revela
Ensino bem mais profundo!

E a pobre mãe de olhos fixos
Na luz do céu que sorria,
Concluiu com sentimento,
Em terna melancolia:

— Por certo, Jesus ficou
Nas palhas, sem proteção,
Por não lhe abrirmos na Terra
As portas do coração.

João de Deus

[Francisco Cândido Xavier, *Parnaso de Além-túmulo*.]

5.10

No Natal de Jesus

O natalício do grande
Da terra causa tristeza:
Vaidosamente se expande
Amesquinhando a pobreza.

O Natal de Jesus Cristo
Consola ao pobre e lhe diz:
"Da manjedoura te assisto,
Vem a mim: serás feliz!"

Lux

[*Reformador*, jan. 1925.]

5.11

Natal

Ao dealbar da manhã, no horizonte bendito,
Se estende um manto azul que a calma denuncia,
E dentro em pouco o sol rompe a dourar o dia
E o céu, qual pálio aberto, é um zimbório infinito.

Por toda a parte vibra uma risada, um grito,
Uns clamores de festa, uns brados de alegria;
A Natureza inteira entoa a sinfonia
Da paz, embalsamando a todo o seio aflito.

A brisa docemente agita e beija as franças
Do arvoredo, que envia o beijo matinal
Ao pássaro, este à flor e a flor o leva às crianças.

Do céu à terra é tudo um hino musical,
Em cada coração há um berço de esperanças,
E é nesse berço que Jesus tem seu Natal.

Antonio Lima

[*Reformador*, jan. 1933.]

5.12

Natal-Jesus

Pelos quatro cantos da velha e enorme terra,
em palácios roqueiros e mansardas,
e em choupanas paupérrimas,
perdidas,
no coração das florestas,
comemora-se o Natal.

E com pinheiros pequeninos
vergando à carga das velas lacrimosas,
ou com fulgurações de luz,
no estrepitoso cascalhar da criançada em volta,
ergue-se,
radiante de brandura,
o humilde berço onde nasceu Jesus!

Natal!
Data gloriosa que os séculos conservam
nos calendários,
porque perpetuada está no tempo
e no coração da Humanidade!

Porque nos recorda o Mestre!
O Espírito mais puro que já enfrentou a terra
com incumbências missionárias...
O suave cantor da palavra divina!
Intérprete perfeito do pensamento de Deus,
poeta mavioso da verdade,
exemplo vivo do amor,
refração da santa caridade,
a curar coxos, cegos, estropiados...
Vibrante esgrimista da parábola!
Personificação sutil do sentimento,
a solapar os pedestais do orgulho,
alicerçando o edifício da humildade...
Cilício da terra!
Candura dos céus!

Natal!
Não te posso evocar
sem que meu coração se encha de ternura...

Miguel Ruiz

[*Reformador*, dez. 1935.]

5.13

Bom Natal, amigo!

Eis chegado o Natal, belo e risonho,
Tais as graças que nele se percebem:
— A Vida, sempre árdua, é quase um sonho!
— O Mundo, sempre ingrato, é quase um éden!

Recebe, pois, amigo, em honra ao Cristo,
As felicitações que aqui te mando!
Fraternizemos no Natal, que nisto,
Há um gesto belo, muito amável, brando!

Vamos, pois, espalhando quase a esmo,
Festas, votos de paz, por aí, adiante…
— Bom Natal, meu irmão! Deseja o mesmo
A teu irmão, de ti perto ou distante!

Procuremos levar, por esses dias,
Em que o Natal o nosso encanto faz:
Aos infelizes, graças, alegrias!
E à gente amiga, boas festas, paz!

LEOPOLDO MACHADO

[*Reformador*, dez. 1940.]

5.14

Jesus

Vieste esparzindo luz e mansetude,
No instante em que a minhalma te pedia
Essa pouca de fé e de alegria,
Com que orvalhasse a minha fronte rude.

Vieste — anjo da Beleza e da Harmonia,
Trazer-me o alívio que encontrar não pude
E aleluias de sol e de saúde
Nesse amor que abençoa e renuncia.

Vieste, dando-me paz ao desconforto,
Do mistério do Tempo e das Distâncias,
Ressuscitar o bem de um sonho morto.

Vieste, rouxinoleando o coração,
Para encher de carícias e fragrâncias
A minha última dor e maldição!

LUIMAN PEHKS

[*Reformador*, dez. 1954.]

5.15

Natal redivivo

Sons divinos ecoam no caminho
Da Humanidade em triste trajetória...
Registra-se, no avanço da História,
Novo aceno de paz e de carinho.

É Natal! É Natal lembrando a glória
Do Amado Mestre envolto em alvo linho
Na manjedoura, humilde trono e ninho
Que a caridade trouxe, meritória!

Nasceu Jesus, no estábulo distante,
Sob os cuidados santos de José,
Junto a Maria — excelsa devoção!

E desde então, Natal, em todo instante,
Relembra o amor, fulgindo à luz da fé,
A roteirar a nossa evolução!

Luiz de Oliveira

[*Reformador*, dez. 1979.]

6

ORAÇÕES

6.1

Oração à Estrela Divina

Estrela do Natal,
Que iluminaste a Grande Noite;
Indicando a Manjedoura Sublime,
Torna a resplandecer, por misericórdia,
No céu da consciência dos homens
— Pastores dos interesses de Deus,
Na terra maternal...

Dissipa a escuridão da meia-noite,
Rasga a visão dos cumes radiosos,
Para que os vales terrestres sejam menos sombrios!
Ordena a teus raios salvadores
Que revelem
Os lares angustiados,
Os corações doridos,

As mansardas sem pão,
Os templos sem fé,
Os campos ao abandono!...

Descortina a senda
Que reconduz ao Mestre da Verdade
E descerra, aos olhos dos novos discípulos,
Os antros do ódio e da separação,
As cavernas do egoísmo,
Os espinheiros do orgulho,
Os venenosos poços da vaidade,
Ocultos em si mesmos,
Para que se libertem de todo o mal
E te ouçam o chamamento bendito e silencioso,
A simplicidade edificante
Que renovará o mundo para a felicidade eterna.

Estrela do Natal,
Não te detenhas sobre as nossas úlceras,
Não nos fixes a miséria multissecular,
Desfaze as sombras espessas
De nossa ignorância viciosa
E arrebata-nos à compreensão
Do Senhor da Vida,
Do Condutor Divino,
Do Príncipe da Paz.

Esclarece-nos a alma conturbada
E guia-nos, fraterna,
À bênção do reinício
Na manjedoura singela
Do bem que retifica todas as faltas,
Balsamizando feridas,
Santificando esperanças,
A fim de que nos façamos, de novo,
Humildes caminheiros de tua luz
Ao encontro sublime de Jesus
— o Cristo vive, augusto e perenal
Para o reinado da bondade humana,
Sob a paz verdadeira e soberana
Pelo Amor Imortal!

Alma Eros

[Poesia recebida pelo médium Francisco Cândido Xavier. *Relicário de Luz*; *Reformador*, dez. 1945; *Reformador*, dez. 1985.]

6.2

Prece diante da manjedoura

Senhor:

Diante da Manjedoura em que nos descerras o coração, ensina-nos a abrir os braços para receber-te.

Não nos relegues ao labirinto de nossas ilusões, nem nos abandones ao luxo de nossos problemas.

Vimos ao teu encontro, cansados de nossa própria fatuidade.

Sol da Vida, não nos confies às trevas da morte.

Fortalece-nos o bom ânimo.

Reaviva-nos a fé.

Induze-nos à confiança e à boa vontade.

Tu que renunciaste ao Céu em favor da Terra, ajuda-nos a descer para sermos mais úteis!...

Tu que deixaste a companhia dos anjos sábios e generosos, por amor aos homens ignorantes e infelizes, auxilia-nos a estender aos irmãos mais necessitados que nós mesmos o tesouro de luz que nos trazes!...

Defende-nos contra os vermes da vaidade.

Ampara-nos contra as serpes do orgulho.

Conduze-nos ao caminho do trabalho e da humildade.

E, reconhecidos à frente do teu berço de luminosa esperança, nós te rogamos, sobretudo, os dons da simplicidade e da paz, para que sejamos contigo fiéis a Deus, hoje e sempre.

Assim seja.

EMMANUEL

[Página recebida pelo médium Francisco Cândido Xavier, na reunião pública da noite de 17.12.1954, em Pedro Leopoldo (MG). *Reformador*, dez. 1955.]

6.3

Súplica do Natal

Amado Jesus:
na excelsa manjedoura
que te esconde a glória sublime,
ouve nossa oração!
Ajuda-nos
a procurar a simplicidade
que nos reúne ao teu amor...
Auxilia-nos
a renascer dentro de nós mesmos,
buscando em ti a força
para sermos em teu nome,
irmãos uns dos outros!
Mestre do Eterno Bem,
sustenta as nossas almas

a fim de que a alegria
de servir e ajudar
nos ilumine a senda,
não somente na luz
de teu Santo Natal,
mas em todos os dias,
aqui, agora e sempre...

Aparecida

[*Relicário de Luz.*]

6.4

Sublime intercessão

A selva ainda ao homem domina,
E ele, com a fúria insensata,
Fere, corrompe, saqueia, assassina;
São pesados estigmas de um primata.

A Terra, por seus filhos atormentada,
Revolta-se, reage convulsionada,
Formando um quadro triste, desolador,
Prenúncio de resgates e de muita dor.

Não foram aceitas as lições singelas,
As maneiras mais simples, sutis e belas,
Os exemplos perfeitos de humildade,
Sinalizando o Caminho, a Verdade,

Em que muita paz fosse favorecida,
Desfrutando-se a beleza da vida.

Rememorando o Teu Natal novamente,
Rogamos Tua misericórdia, Senhor,
Tua infinita compaixão, Teu amor,
Para que nosso mundo experimente
O alívio dos acerbos sofrimentos,
Dos ingentes e provocados tormentos.
E, como se fora junto às dores da cruz,
Que possas pedir, excelso Mestre Jesus,
Em caridosa, sublime intercessão,
Ao Pai, a bênção para nós, de mais um perdão.

[Paulo Ricardo Alves Pedrosa. Texto inédito.]

Referências

A LIÇÃO do Natal. *Reformador*, v. 93, dez. 1975. Editorial.

BRATCHER, Roberto G. Em que ano nasceu o Senhor Jesus? *Reformador*, v. 71, dez. 1953. Extraído do *Diário de Notícias* de 11 jan. 1953.

BRÍGIDO, José. A "Casa do caminhante perdido". *Reformador*, v. 105, dez. 1987. Transcrição de *Reformador*, dez. 1959.

______. A velhinha abandonada. *Reformador*, v. 69, dez. 1951.

______. A vitória do perdão. *Reformador*, v. 71, dez. 1953.

______. História de um bonequinho de pano. *Reformador*, v. 68, dez. 1950.

______. O presente de Rosinha. *Reformador*, v. 70, dez. 1952.

CALLIGARIS, Rodolfo. Evocando o Natal. *Reformador*, v. 86, dez. 1968.

CARVALHO, João Antero de. O pedido de Natal. *Reformador*, v. 95, dez. 1977.

CELESTE, Maria. Às vésperas do Natal. In: *De coração para coração*. 3 ed. Rio de Janeiro: FEB, 1992.

CORREIA, Viriato. Quando Jesus nasceu... *Reformador*, v. 85, dez. 1967. Ext. de TIMOTHEO, Pedro. *Antologia do jornalismo brasileiro*, 1944. v. 1.

EM TORNO DO MESTRE. *Reformador*, v. 82, dez. 1964.

FARIAS, Djalma. O Cristo-Jesus. *Reformador*, v. 65, dez. 1947.

FRANCO, Divaldo P. Amanhecer de Natal. Pelo Espírito Joanna de Ângelis. *Reformador*, v. 108, dez. 1990.

______. Celebração de Natal. Pelo Espírito Joanna de Ângelis. *Reformador*, v. 91, dez. 1973.

______. Exaltação do Natal. In: *Lampadário Espírita*. Pelo Espírito Joanna de Ângelis. 7. ed. Rio de Janeiro: FEB, 2005.

______. Festas e Natal. Pelo Espírito Joanna de Ângelis. *Reformador*, v. 89, dez. 1971.

______. Jesus. In: *Estudos Espíritas*. Pelo Espírito Joanna de Ângelis. 7. ed. Rio de Janeiro: FEB, 1999.

______. Natal íntimo. Pelo Espírito Joanna de Ângelis. *Reformador*, v. 101, dez. 1983.

______. Natividade. Pelo Espírito Joanna de Ângelis. *Reformador*, v. 86, dez. 1968.

______. Perfil de Jesus. In: *Perfis da vida*. Pelo Espírito Guaracy Paraná Vieira. Salvador (BA): Leal, 1992. P. 91 a 93.

______. Reflexão de Natal. Pelo Espírito Joanna de Ângelis. *Reformador*, v. 87, dez. 1969.

JACINTHO, Roque. Jesus. *Intimidade*. 3. ed. Rio de Janeiro: FEB, 1994.

LEMBRANÇA de Natal. *Reformador*, v. 96, dez. 1978. Editorial.

LIMA, Antonio. Natal. *Reformador*, v. 51, n. 1 e 2, jan. 1933.

LÍRIO, Passos. Espírito do Natal. *Reformador*, v. 87, dez. 1969.

______. Natal com Jesus. *Reformador*, v. 112, dez. 1994.

______. Passagem e paisagem de Natal. *Reformador*, v. 113, dez. 1995.

LUX. No Natal de Jesus. *Reformador*, v. 43, jan. 1925.

MACHADO, Leopoldo. Bom Natal, amigo! *Reformador*, v. 58, dez. 1940.

MENDES, Indalício. O Natal do Cristo. *Reformador*, v. 63, dez. 1945.

NATAL. *Reformador*, v. 108, dez. 1990. Editorial.

NATAL. *Reformador*, v. 98, dez. 1980. Editorial. *Reformador*, dez. 1921.

NOVO Natal. *Reformador*, v. 109, dez. 1991. Editorial.

OLIVEIRA, Luiz de. Natal redivivo. *Reformador*, v. 97, dez. 1979.

ORIGEM do Natal. *Reformador*, v. 76, dez. 1958.

PAIVA, Maria Cecília. Cartões de Natal. Por diversos Espíritos. *Reformador*, v. 94, dez. 1976.

______. Natal permanente. Pelo Espírito Bezerra [de Menezes]. *Reformador*, v. 90, dez. 1972.

PEHKS, Luiman. Jesus. *Reformador*, v. 72, dez. 1954.

PELO NATAL. *Reformador*, v. 59, dez. 1941. Editorial.

PERALVA, Martins. A médium do céu. In: *Mediunidade e evolução*. 5. ed. Rio de Janeiro: FEB, 1987.

______. Natal de Jesus. *Reformador*, v. 81, dez. 1963.

PEDROSA, Paulo Ricardo Alves. Sublime intercessão. Texto inédito.

RUIZ, Miguel. Natal-Jesus. *Reformador*, v. 53, dez. 1935.

SCHUBERT, Suely Caldas. Jesus e o mundo. *Reformador*, v. 113, dez. 1995.

SCHUBERT, Suely Caldas; ABRANCHES, Carlos Augusto. A festa real de Jesus. *Reformador*, v. 110, dez. 1992.

SIMONETTI, Richard. O Natal que Jesus espera. *Reformador*, v. 111, dez. 1993.

______. Natal. *Para viver a grande mensagem*. 5. ed. Rio de Janeiro: FEB, 1991.

______. Um Natal de verdade. *Reformador*, v. 102, dez. 1984.

SOUZA, Juvanir Borges de. O Cristo e o mundo. In: *Tempo de transição*. 2. ed. Rio de Janeiro: FEB, 1990.

TELES, Lino. Quando nasceu Jesus? *Reformador*, v. 66, dez. 1948.

THIAGO, Lauro S. O Natal de Jesus. *Reformador*, v. 99, dez. 1981.

VIEIRA, Waldo. A palestra do Natal. Pelo Espírito Hilário Silva. *Reformador*, v. 81, dez. 1963.

______. De Natal a Natal. Pelo Espírito Maria Celeste. *Reformador*, v. 82, dez. 1964.

______. Natal espírita. Pelo Espírito André Luiz. *Reformador*, v. 81, dez. 1963. *Reformador*, v. 102, dez. 1984.

______. Perante Jesus. In: *Conduta Espírita*. Pelo Espírito André Luiz. 29. ed. Rio de Janeiro: FEB, 2006.

VINÍCIUS. Considerações sobre o Natal. In: *Na seara do Mestre*. 7. ed. Rio de Janeiro: FEB, 1992.

______. Cristo nasceu? Onde? Quando? In: *Em torno do Mestre*. 6. ed. Rio de Janeiro: FEB, 1991.

XAVIER, Francisco Cândido. Ante o Natal. In: *Antologia da Espiritualidade*. Pelo Espírito Maria Dolores. 3. ed. Rio de Janeiro: FEB, 1985.

______. A revolução cristã. In: *Luz Acima*. Pelo Espírito Irmão X. 9. ed. Rio de Janeiro: FEB, 2004.

______. Bilhete a Jesus. In: *Luz Acima*. Pelo Espírito Irmão X. 9. ed. Rio de Janeiro: FEB, 2004.

______. Bilhete de Natal. In: *Relicário de Luz*. Por autores diversos. 5. ed. Rio de Janeiro: FEB, 2005.

______. Com Jesus. In: *Agenda Cristã*. Pelo Espírito André Luiz. 42. ed. Rio de Janeiro: FEB, 2005.

______. Convite de Natal. In: *Antologia da Espiritualidade*. Pelo Espírito Maria Dolores. 3. ed. Rio de Janeiro: FEB, 1985.

______. Jesus veio. In: *Caminho, Verdade e Vida*. Pelo Espírito Emmanuel. 26. ed. Rio de Janeiro: FEB, 2006.

______. Louvor do Natal. In: *Religião dos Espíritos*. Pelo Espírito Emmanuel. 18. ed. Rio de Janeiro: FEB, 2006.

______. Na glória do Natal. In: *Pontos e contos*. Pelo Espírito Irmão X. 10. ed. Rio de Janeiro: FEB, 1999.

______. Na noite de Natal. In: *Parnaso de Além-túmulo*. Por diversos Espíritos. 17 ed. Rio de Janeiro: FEB, 2004.

______. Natal. In: *Fonte Viva*. Pelo Espírito Emmanuel. Rio de Janeiro: FEB.

______. Natal simbólico. In: *Pontos e contos*. Pelo Espírito Irmão X. 10. ed. Rio de Janeiro: FEB, 1999.

______. Novo conto do Natal. In: *Poetas Redivivos*. Por diversos Espíritos. 3. ed. Rio de Janeiro: FEB, 1994.

______. O conquistador invencível. Pelo Espírito Irmão X. *Estante da vida*. Rio de Janeiro: FEB.

______. O Natal diferente. In: *Reportagens de Além-túmulo*. Pelo Espírito Humberto de Campos. 10. ed. Rio de Janeiro: FEB, 2004.

______. Oração à Estrela Divina. Pelo Espírito Alma Eros. In: *Relicário de Luz*. Autores diversos. 5. ed. Rio de Janeiro: FEB, 2005. *Reformador*, v. 63, dez. 1945; v. 103, dez. 1985.

______. O Senhor vem... In: *Parnaso de Além-túmulo*. Por diversos Espíritos. 17. ed. Rio de Janeiro: FEB, 2004.

______. Petições de Natal. In: *Antologia da Espiritualidade*. Pelo Espírito Maria Dolores. 3. ed. Rio de Janeiro: FEB, 1995.

______. Plataforma do Mestre. In: *Vinha de Luz*. Pelo Espírito Emmanuel. 24. ed. Rio de Janeiro: FEB, 2006.

______. Prece diante da manjedoura. Pelo Espírito Emmanuel. *Reformador*, v. 73, dez. 1955.

______. Recordação do Natal. In: *Relicário de Luz*. Autores diversos. 5. ed. Rio de Janeiro: FEB, 2005.

______. Súplica do Natal. Pelo Espírito Aparecida. In: *Relicário de Luz*. Autores diversos. 5. ed. Rio de Janeiro: FEB, 2005.

______. Versos do Natal. In: *Instruções Psicofônicas*. Recebidas por vários Espíritos. 8. ed. Rio de Janeiro: FEB, 2005.

XAVIER, Francisco Cândido; VIEIRA, Waldo. Conto do Natal. In: *Antologia dos imortais*. Por diversos Espíritos. 3. ed. Rio de Janeiro: FEB, 1990.

______. Jesus mandou alguém... In: *A vida escreve*. Pelo Espírito Hilário Silva. 9. ed. Rio de Janeiro: FEB, 2005.

______. Natal. In: *Antologia dos imortais*. Por diversos Espíritos. 3. ed. Rio de Janeiro: FEB, 1990.

Este livro foi impresso
no Departamento Gráfico da
FEDERAÇÃO ESPÍRITA BRASILEIRA
na cidade do Rio de Janeiro
em novembro de 2010.

www.febnet.org.br